RELIURE SERREE
Absence de marges
intérieures

VALABLE POUR TOUT OU PARTIE
DU DOCUMENT REPRODUIT.

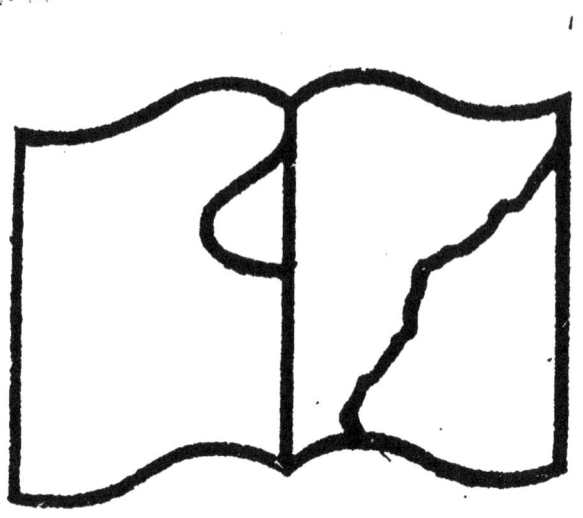

Couvertures supérieure et inférieure détériorées

LES AUTEURS GAIS

GEORGES COURTELINE

Potiron

PARIS

IE MARPON & FLAMMARION

FLAMMARION, ÉDITEUR

RUE RACINE, PRÈS L'ODÉON

PARIS. — IMP. G. MARPON ET E. FLAMMARION, RUE RACINE, 26.

POTIRON

EN VENTE A LA MÊME LIBRAIRIE

OUVRAGES DU MÊME AUTEUR

LES GAITÉS DE L'ESCADRON
3e mille.
Un volume illustré par Louis BOMBLED.
Prix : 3 fr. 50

LE TRAIN DE 8 HEURES 47
4e mille.
Un volume in-18, illustré par STEINLEN.
Prix : 3 fr. 50

LES FEMMES D'AMIS
3e mille.
Un volume illustré par STEINLEN.
Prix : 3 fr. 50

Pour paraître incessamment

LES HANNETONS

GEORGES COURTELINE

POTIRON

PARIS
LIBRAIRIE MARPON & FLAMMARION
E. FLAMMARION, ÉDITEUR
26, RUE RACINE, PRÈS L'ODÉON

Tous droits réservés.

POTIRON

A Charles Friedlander.

I

Au coup de midi, l'officier de semaine Mousseret, — un petit, tout petit sous-lieutenant sorti quelques mois auparavant de l'École, — donna ordre de faire rassembler. Il dit qu'on allait procéder à l'appel des réservistes, et que les retardataires écoperaient de quatre jours. Sur quoi le trompette de garde qui, de loin, guettait un signal, porta l'instrument à la bouche, et par trois fois, dans trois directions différentes, lança la sonnerie au pansage :

> Toi qu'arriv' de Mostaganem,
> Prêt' moi ta pip', que j' fume.
> J'ai pas d' tabac.

Chassé par les sous-officiers, le troupeau des Vingt-huit jours remonta la cour du Quartier ruisselante de soleil et se vint adosser aux murs des écuries en lignée interminable et bariolée; méli-mélo de toutes les castes et de toutes les armes, salade de jaquettes crasseuses et de blouses pâlies au lavage, faisant ressortir l'azur délicat d'un dolman, l'éclat d'une haute ceinture de spahi égarée là-dedans sans que l'on sût pourquoi. Ces gens se poussaient du coude, ricanaient, d'un rire niais de pauvres diables qui font contre fortune bon cœur et affectent de se trouver drôles, tandis qu'aux fenêtres de la caserne des centaines d'autres figures riaient aussi, des têtes que coiffaient la tache brune d'un képi ou le gris souris bordé bleu du léger callot d'intérieur.

— Appuyez, à droite; appuyez! hurlait le sous-officier de semaine. Le sept, le huit, le neuf, le dix, le onze et le douze, en arrière! Et toute la bande, là-bas, demandez-moi ce qu'ils fabriquent. Voulez-vous appuyer, tonnerre! Encore! Encore, donc! Pompiers, va. Là, c'est bien! Assez! ne bougez plus.

Il s'élança, vint prendre la tête du rang dont il vérifia, l'œil oblique, l'alignement irréprochable. Côte à côte, sans une parole, Mousseret et le fourrier du dépôt attendaient.

— Fixe! cria le maréchal des logis.

L'appel commença. Deux minutes, ce fut une kyrielle de noms fleurant tous les fumets de France :

— Lecardonnec!... Pied!... Vidaline!... Laboulbène!... Mayeux!... Van der Straat!... Simon!... Boutique!... Fontbourgade!... de la Bergerie!... Sinoquet!

Et les : « Présent!... sent! sent! Présent! » se succédaient sans interruption, crépitaient comme une fusillade. Le beau temps tournait à l'orage; par instant des nuages glissaient devant le soleil, projetés sur le sol en ondes galopantes. Des croisées ouvertes au vent, tout un train-

train de vie active s'échappait, le bruit des lourds sabots traînés par les planchers, l'âpre grincement du chiendent sur les cuirs encroûtés de boue, mêlés à une voix lamentable qui sanglotait *la Patrouille allemande*, là-haut, sous la chute des combles :

De leurs soldats, la patrouille s'avance ;
Écoutez le bruit de ses pas ;
Pauvres proscrits, chantez, chantez plus bas,
Si vous voulez chanter la France.

— Potiron ! appela le fourrier.

Personne, cette fois, ne répondit. Simplement, sur toutes les bouches, un rire contenu grimaça, tant l'étrangeté du nom éveillait de gaieté.

— Potiron !

Même silence.

Mousseret intervint.

— Eh bien ! il n'est pas ici, Potiron ?
— Non ? — Potiron !... Pas de Potiron ? C'est bien vu ? C'est bien entendu ? Adjugé !

Et au fourrier, à mi-voix :

— Portez manquant.

— Bien, mon lieutenant.

Il ajouta :

— Avec quatre jours de prison à la clé, bien entendu.

— Naturellement.

L'appel achevé, le sous-officier de semaine rétrograda de quelques pas. Il commanda : « Par file à droite... droite ! » et les Vingt-huit jours, toujours flanqués de Mousseret, furent dirigés sur l'habillement, puis répartis par chambrées.

II

Or, au quatrième peloton on achevait de s'organiser, quand la porte, heurtée d'un coup de genou, céda, encadrant maintenant une espèce d'athlète que coiffait une casquette de loutre, et que revêtait à mi-hanches le bourgeron flottant, quadrillé blanc et rose, des garçons bouchers-étaliers. De la même voix assurée et sonore dont il eut annoncé : « Sept cents grammes d'aloyau ! » cet homme demanda :

— C'est ici que je compte ?

Justement, le brigadier Bourre, qui commandait la chambrée en sa qualité de « plus ancien », se taillait une tartine de pain, la boule-de-son entrée dans le défaut de l'épaule, avec l'air d'y jouer du violon au fil luisant de son couteau.

Il s'ébahit :

— Je l'sais t'y moi! — En v'là une façon d'entrer! — Qui c'est que vous êtes, d'abord?

L'autre se nomma :

— Potiron.

On se tordit, mais le personnage ne s'en formalisa en aucune manière. Au contraire, il parut ravi de son effet; ses épaules soulevées par le rire se voûtèrent en dos de bossu, en même temps qu'une grosse rigolade silencieuse épanouissait sa face de bonne gouape ingénue. Évidemment, il n'eût pas échangé contre six mille livres de rentes la joie de s'appeler Potiron.

— Ah! c'est vous qui êtes Potiron, reprit Bourre conquis à tant de belle humeur; eh ben, mon vieux, j'peux rien vous dire. A c't'heure ici, faudrait q'vous alliez trouver l'chef, y a que lui qui vous renseignera. Et puis, aut' chose : vous n'y coupez pas de quat' jours.

— Comment, j'y coupe pas de quat' jours.

— Non mon vieux; et à faire en rabiot, bien sûr.

— Ah! là là, sussura dédaigneusement Potiron. Si y a jamais q'ces quat' jours-là pour me tomber su' la *mirette* (1), j' suis pas prêt d'attraper un compère-loriot.

Le brigadier haussa l'épaule :

— Taisez-vous donc; d' l'épate, tout ça.

— De l'épate?

— Pour sûr, de l'épate! Vous avez ramassé quatre jours de prison pour avoir manqué à l'appel, vous ferez vos quat' jours de prison et ça fera la rue Michel. A quoi ça sert de rouspéter quand c'est qu'y a un ordre de l'officier de semaine ?

Du coup, l'homme à la casquette de loutre resta muet. Seulement il se giffla la cuisse, et sa main soudainement dressée, la paume dehors, le pouce en l'air, en dit plus qu'un réquisitoire sur le cas

(1) Sur l'œil.

que lui, Potiron, faisait de l'officier de semaine.

Il défla :

— Trente-deux jours à tirer au lieu de vingt-huit? Des patates! Pourquoi pas six marqués, tout de suite (1)? Pourquoi pas une berge ou deux (2)? Ça ne fait pas avec les louchébem (3) ces comptes-là. Salut! J'vas causer au chef,

Et ayant dit, il disparut.

(1) Six mois.
(2) Un an.
(3) Les bouchers.

III

On riait encore, qu'une voix déjà criait :
— Fixe !

Mousseret à son tour venait d'entrer, et, le nez au vent, il furetait, fouillait les lointains de la chambre.

— Bé !... est ici, l'illustre Potiron ?

C'était un petit être tout nerfs, au visage couleur de vin doux et travaillé de tics continuels, à la moustache blondâtre et molle, moussant mal sur un champ de dartres enflammées. En l'ampleur disproportionnée de son képi il enfonçait jusqu'aux paupières, et sa culotte en flanc de soufflet zigzaguait à ce point sur ses cuisses, qu'on l'eût pu croire pantalonné de la défroque d'une girafe. Les hommes, pris à l'improviste, avaient rectifié la position sur place. Ils demeuraient l'œil sans regard, les bras tombés le long du corps et les talons sur la même ligne, attendant un ordre de repos qui persistait à ne pas venir.

Bourre prit la parole.

— Mon lieutenant, le réserviste Potiron sort d'ici à la minute même.

— Au diable! s'exclama Mousseret. Et qu'est-il devenu, ce pierrot-là?

— Il est au Bureau, mon lieutenant.

— Ah! bon.

Tout de suite il tourna bride. Sur son dos, soutaché d'élégantes fusées noires, la porte, ramenée, claqua. En vingt pas il fut chez le Chef, homme de bien qui, pour le quart d'heure, mettait à jour les livrets matricules, imputant des carreaux cassés et des bouchons de fusil perdus au compte des cavaliers partis en permission ou en congé de convalescence. Ayant su de quoi il s'agissait, il s'empressa, fit l'homme du monde, donna la comédie d'une contrariété de bon goût :

— Vraiment, mon lieutenant, désolé! Potiron, vous dites? un boucher? Il sort d'ici. Est-ce bête! Si j'avais pu prévoir...

Mousseret l'interrompit :

— Enfin, où est-il?

— A l'habillement, mon lieutenant. Il est allé se faire équiper.

— Merci.

L'officier reprit sa course, gagna le magasin dont il franchit le seuil. Le malheur est qu'au même instant Potiron en sortait par la porte opposée. De nouveau il se dut rabattre sur la chambre, mais Potiron l'avait traversée comme une flèche, le temps de déposer ses hardes sur son lit. Maintenant il était chez le barbier, ainsi que Bourre le donna à entendre; et le fait est qu'il eût été chez le barbier s'il n'eût déjà cessé d'y être lorsque le sous-lieutenant survint pour l'y rejoindre.

— Ah çà! fit alors celui-ci, les bras jetés sur la poitrine, est-ce que je vais passer ma journée à courir après cette brute? Ce serait un peu raide, par exemple!

Raide ou non, il en fut cependant ainsi; une fatalité inouïe mais opiniâtre s'entêtant à amener le soldat sur un certain point de la caserne, tandis que l'officier le cherchait sur un autre. Et le plus joli de l'affaire fut que Potiron manqua à l'appel du soir comme il avait manqué à l'appel de midi. Mon Dieu, oui; le gaillard, délicat sur sa bouche et dédaigneux de la gamelle, s'en était tranquillement allé dîner dehors, puis s'était attardé chez un marchand de vin à regarder jouer le zanzibar. Si bien que Mousseret éclata, son exaspération réveillée d'un coup de fouet, quand, passant la visite des chambres et posant cette question bien simple : « Voilà un lit vide; qui l'occupe? » Bourre, qui protégeait de ses doigts la flamme couchée de la chandelle, répondit impassiblement :

— Le réserviste Potiron.

— Potiron! encore Potiron! toujours Potiron! cria-t-il. Ce n'est pas possible, à la fin; ce client-là se paye notre figure à tous!

Il écumait. Sur ses talons, le sous-officier de semaine, le billet d'appel à la main, avait fait halte et ne soufflait mot. Ce fut lui qui paya la sauce :

— C'est comme vous ! Que fichez-vous là à me regarder comme une huître ? Vous allez me faire le plaisir de cavaler au corps de garde dire qu'on me coffre Potiron sitôt son retour au quartier ! Tout de suite, vous entendez bien. Illico ! à l'œil ! de pied ferme !

Et il trépignait, virait de bord, lâchait son monocle qu'il rattrapait au vol pour se le revisser aussitôt sous l'orbite. Ses « Ah ! non. Ah ! non. Ah ! bien non ! » étaient ceux de Baron dans la *Femme à papa*, atterré qu'un misérable cochon pût avoir raison à lui seul contre toute la faculté de médecine.

IV

Tout ceci n'empêcha nullement Potiron de réintégrer la chambrée un coup que Mousseret n'y fut plus.

Il était gai comme un pinson et gris comme une petite caille; charmant d'ailleurs, ayant passé par la cantine, d'où il rapportait un litre de cognac et une salade toute préparée dans une bassine en fer-blanc.

Il entra et dit :

— Y a du bon.

Ce fut une stupeur. Hors des lits, des bustes dépoitraillés se dressèrent.

— Ah!... Potiron !

Lui ricanait, jouissait de l'étonnement général. Il conta qu'il avait coupé à la prison en se portant nouveau-malade ; après quoi, équitable et parcimonieux, il commença de répartir la salade : deux pincées qu'il puisait à même la bassine, à la fourchette du père Adam, puis déposait au fond des quarts, maintenus entre les genoux. Le litre de cognac, tendu à bout de bras, circulait de couchette en couchette, et l'agonie d'un bout de chandelle qui s'achevait d'user sur la table, collé d'une larme de suif, promenait le long des murs des ombres fantastiques.

Potiron, le souper terminé, dit qu'il allait faire des tours.

Il enleva donc son dolman, apparut pantalonné de rouge jusqu'aux aisselles, avec des bretelles d'ordonnance qui pénétraient comme dans du beurre en l'épaisseur de son tricot, et se mit en devoir d'escalader la planche à pain. Malheureusement cette tentative ne fut couronnée d'aucun succès. Une minute on le vit, les yeux hors de la tête, se roidir sur les avant-bras, tâchant à amener son menton jusqu'à ses phalanges contractées...

Ce fut tout; ses mains vernies d'huile glissèrent, et il s'effondra bruyamment sur la table, écrasant la chandelle de son dos de colosse.

Instantanément, tombée à une nuit profonde, la chambre s'emplit de clameurs, de hurlements farouches, de sifflets suraigus : un charivari assourdissant que Potiron s'efforçait de dominer, répétant qu'il n'y avait pas d'erreur, qu'il cherchait des allumettes et que le rétablissement n'était pas son fort, — aveu désormais superflu. Des vociférations se heurtaient : « Enfant de salaud qui éteint la camoufle!... Fantassin de malheur!... La classe! la classe! la classe!... Les souffrantes (1) au clair, ceux qui en ont! » En même temps, par le plancher, galopaient d'inquiétants pieds nus. Un bleu eut son lit chahuté : on entendit sa chute brutale et le commencement de ses protestations, qu'étouffa aussitôt l'épaisseur des paillasses. Un autre se mit à

(1) Les allumettes.

beugler, ayant reçu en plein visage une gamelle qu'un bras inconnu venait de lancer à la volée.

A la fin, tout de même, une étincelle bleuâtre piqua l'épaisseur des ténèbres, et la chambre réapparut, devenue telle qu'un champ de carnage, à croire qu'une armée de barbares l'avait parcourue sabre au poing, jonchée de lits effondrés, de feuilles de salade, de tessons de bouteille. Des ombres, au loin, se hâtaient, replongeaient sous les couvertures comme des grenouilles épeurées. Potiron, point découragé, acharné à faire montre de ses petits talents, insistait, braillait à tue-tête qu'on allait voir ce que l'on allait voir. Et tour à tour il fit le manchot, puis le cul-de-jate : le derrière par terre, le pied droit ramené sur la rotule gauche et le pied gauche ramené sur la rotule droite (exercice dédié aux dames). Il avait retiré sa culotte, comme gênant l'élasticité de ses mouvements, et c'est ainsi que Bourre, qui s'était absenté un quart d'heure, le surprit dressé sur les mains, la chemise retombée en jupe autour des bras et de la tête.

— Hein! quoi! cria-t-il effaré; en v'là un qui fait le misioque (1), à présent! Voulez-vous bien aller vous recoucher tout de suite! Vous aurez deux jours salle' police, et avec un petit motif qui ne sera pas à la mie de pain, je vous en flanque mon billet!

Puis, l'œil mi-clos, la lippe tendue :

— Ah çà! mais... ah çà! mais... ah çà! mais...

Il cherchait. Sûr, le personnage ne lui était pas inconnu. Soudain il tressauta :

— Eh! c'est Potiron, nom d'une trousse! Hé ben elle est bonne, celle-là? Pourquoi qu'vous n'êtes pas à la boîte?

Congestionné, suant par tous les pores du visage la joie de vivre et l'orgueil des santés débordantes :

— Je suis malade, répondit froidement Potiron.

(1) Le comédien.

V

Le premier soin de Mousseret, en arrivant au Quartier le lendemain, fut de passer au corps de garde prendre des nouvelles de son homme :

— Eh ben ! Potiron ?

Cinq heures venaient de sonner. Par la croisée du poste, ouverte sur la grand'route, une aube de printemps entrait, rose et tiède ; la douceur infinie des journées qui s'éveillent et qui promettent d'être belles. Une rousseur de soleil indécis cuivrait le sol. Elle grimpait à la plinthe du mur, montait à l'assaut d'un pied de table, s'allait perdre sous l'ombre portée d'un lit de camp que chargeaient trois corps endormis, trois manteaux aux collets dressés d'où rejaillissaient en brosses rases trois crânes tondus à l'ordonnance. Seul, le sous-officier veillait, bouquinant les loques graisseuses d'un roman cent fois lu et relu déjà, et que, de temps immémoriaux, une garde repassait à l'autre.

A l'entrée de Mousseret il se leva, prit la position militaire :

— Potiron, mon lieutenant, est rentré à neuf heures.

— Ah! ah! Et il est sous clé, j'aime à croire?

— Non, mon lieutenant.

— Comment, non!

Le maréchal des logis eut le geste qui n'en peut mais : « Potiron s'était porté malade, et dame!... » Cela suffit. Mousseret fit demi-tour. D'une traite, il fila sur la chambre, que du reste il trouva vide, les hommes étant à la corvée. Pourtant, un élève trompette, exempt de service, qui fourbissait au tripoli le pavillon de son instrument, donna un renseignement précieux :

— Potiron? Il est aux cabinets, mon lieutenant.

— C'est bon, dit Mousseret, je vais l'attendre.

Il était fixé.

C'était la plaisanterie de la veille qui recommençait.

Il ravala un sourd juron, vint se camper au seuil de la porte, qu'il barra de ses jambes ouvertes. Cinq minutes s'écoulèrent, puis dix, puis dix autres. Rien ne venait; il attendait toujours, muet, cinglant du bout de sa cravache la double bande azur de sa culotte de cheval. Tout rageait en lui, tout! depuis son nez camard sillonné de soubresauts nerveux, jusqu'à la pointe aiguë de sa botte!

— Chameau! murmura-t-il.

Et comme, à ce moment, le brigadier des ordinaires passait près de lui, la main en coquille sur l'oreille, il le héla, lui jeta une question au vol :

— Pas vu Potiron, Misaupoint?

— A la cantine ! dit le soldat.

Ils venaient de prendre un marc ensemble.

A la cantine ?... Malade et puni de prison, le drôle buvait à la cantine ?...

L'officier, déjà, y était! Mais Potiron, lui, n'y était plus; passé chez le casernier acheter un savon, puis, de là, à l'habillement échanger son képi qu'il jugeait trop étroit, puis aux cuisines carotter un potage, puis — car le trompette de garde appelait les malades au trot — à la visite du médecin. Là, à vrai dire, il ne prit pas racine; en deux temps, il fut expédié :

— Ouvrez la bouche, tirez la langue, voyons ce pouls. Très bien, vous êtes un fricoteur; vous aurez deux jours de prison.

— Mais, major...

— Non, pardon, fichez-moi donc le camp.

Il sortit...

— Potiron est là? demanda Mousseret, qui entrait.

— Il sort d'ici, dit le médecin. Vous le rattraperez à deux pas.

Alors Mousseret n'insista plus. Il en avait assez, aussi. Tranquillement il alla au poste, fit sonner aux brigadiers et aux maréchaux des logis, leur enjoignant d'avoir à se saisir du réserviste Potiron en quelque lieu qu'ils le trouvassent. A la malle, Potiron ! Hors la loi, Potiron ! Pas d'explications, rien du tout ! Si Potiron n'était bouclé dans un quart d'heure, tout le clan des gradés coucherait à la boîte. Et allez donc !

Dans ces conditions, la lutte devenait impossible ; il n'était plus de fatalité ni de dieu des bonnes crapules qui pût sauvegarder Potiron. Et en effet, cinq minutes ne s'étaient pas écoulées que le sous-lieutenant lui-même était sonné au corps de garde.

Il accourut.

— Nous le tenons, dit le maréchal des logis.

— Parfait.

Il soufflait bruyamment. Il demanda :

— Vous l'avez fourré en cellule?

En cellule? non. La brouette au derrière, la pelle à fumier en travers, on l'avait envoyé enlever le crottin dans la petite cour du rapport, un rectangle pavé, en retrait, logé derrière la caserne et que fermait le mur d'enceinte sur deux faces. Mousseret n'en demandait pas plus. Allègre, sifflotant, la cigarette au bec, il gagna la cour du rapport ; il y vit une brouette, une pelle et un pâté de crottin qui fumait au soleil, mais de Potiron aucunement; le joyeux Potiron s'était donné de l'air après avoir enlevé sa blouse, fourré son callot dans sa poche et rabattu sur ses sabots les replis de son pantalon de prisonnier. Mousseret tempêta, hurla, consigna le quartier d'office, jusqu'à la gauche; peine perdue! Les journées succédèrent aux journées, les semaines croulèrent sous les semaines, jamais plus on n'ouït parler de Potiron au 51ᵉ régiment de chasseurs à cheval.

Ainsi se réalisa le mot de cet homme vraiment distingué :

— Trente-deux jours à tirer au lieu de vingt-huit ? Des patates ! Ces comptes-là ne font pas avec les louchébem.

LE MONSIEUR

QUI A TROUVÉ UNE MONTRE

LE MONSIEUR

QUI A TROUVÉ UNE MONTRE

A Alphonse Allais.

Du haut du tramway de l'Étoile, je crus voir à l'ami Breloc qui, justement traversait la place Blanche, une figure à ce point révolutionnée, que je descendis de voiture exprès pour l'aller questionner :

— Eh! bon Dieu, qu'est ceci, Breloc? et quel est ce visage plus mélancolique cent fois qu'une boutique fermée pour cause de décès?

Il répondit :

— Ne m'en parle pas; j'ai failli aller en prison.

Entendant cela, je supposai qu'il avait commis quelque malhonnêteté et je me mis à pousser les hauts cris, mais lui, sans doute, me devina, car il s'écria :

— Tu n'y es pas !... J'ai failli aller en prison à cause d'une saleté de montre que j'ai trouvée cette nuit, boulevard Saint-Michel, et fidèlement reportée ce matin chez le commissaire de police de mon quartier. Hein, elle est raide, celle-là? Rien n'est plus vrai, pourtant; et j'en suis encore malade, d'ahurissement et de stupeur. Du reste, tu vas en juger. Tu as bien cinq minutes?

— Parbleu!

— Ecoute-moi alors. Et tâche que ça te profite.

Muni de la montre en question — une belle montre d'homme, ma foi, boîtier en or avec initiales en platine — je me présentai donc sur le coup de neuf heures du matin, au commissariat de la rue Duperré, et demandai à être introduit près du commissaire de police. Ce personnage, qui achevait de boire son chocolat, donna l'ordre de me faire entrer et sans me faire asseoir ni rien, me dit :

— Qu'est-ce que vous demandez?

J'avais pris l'air de circonstance, le sourire discret du monsieur qui accomplit une action d'éclat et qui s'attend à être couvert de lauriers.

Je répondis :

— Monsieur le commissaire de police, j'ai l'honneur de déposer entre vos mains une montre que j'ai trouvée cette nuit et que...

Je n'avais pas achevé, que le commissaire se dressait, répétant :

— Une montre! une montre!

Puis aux agents, qui jouaient au piquet dans le poste :

— Hé! vous autres, fermez-donc la porte de la rue. On est ici comme dans un moulin, ma parole!

Et il demeura debout, rognant entre ses dents, à attendre que l'ordre donné eut reçu son exécution. Quand ce fut fait, il se calma, replongea en son siège et dit :

— Veuillez me remettre cet objet.

Je m'exécutai. Il se saisit de la montre, et pendant une longue minute il la mania, la retourna, la flaira, en fit jouer alternativement le remontoir, le boîtier et le mousqueton d'attache.

— Oui, conclut-il enfin d'un air grave, c'est une montre. Il n'y a pas à dire le contraire.

Là-dessus il étendit le bras, enfouit la montre au fond d'un vaste coffre-fort, qu'il referma ensuite à double et triple tour. Je le regardai faire, étonné. Il reprit :

— Où avez-vous trouvé ce bijou, je vous prie ?

— Boulevard Saint-Michel, répondis-je, au coin de la rue Monsieur-le-Prince.

— Par terre ? fit le commissaire ; sur le trottoir ?

Je répondis qu'il en était ainsi.

— Voilà qui est extraordinaire, dit alors, en fixant sur moi un œil méfiant, cet homme bien plus extraordinaire encore. Le trottoir, ce n'est pas une place à mettre une montre.

— J'avoue... insinuai-je en souriant.

Sec, le commissaire dit :

— Assez! je ne vous demande pas de commentaires.

Je me tus et cessai de sourire.

Lui reprit :

— Qui êtes-vous, d'abord?

Je me nommai.

— Où demeurez-vous?

Je dis que j'habitais place Blanche, 26.

— Quels sont vos moyens d'existence?

J'exposai que j'avais douze mille livres de rentes.

— Quelle heure était-il à peu près, quand vous avez trouvé cette montre?

— Il était trois heures du matin.

— Pas plus? s'exclama le commissaire devenu soudainement ironique.

— Mon Dieu non, dis-je ingénument.

Il continua :

— Et qu'est-ce que vous faisiez, à trois heures du matin, au coin du boulevard

Saint-Michel et de la rue Monsieur-le-Prince, vous qui *dites* habiter place Blanche?

— Comment, je *dis?*

— Oui, vous le dites.

— Si je le dis, c'est que cela est.

— C'est ce qu'il faudra établir. En attendant, faites-moi donc le plaisir de ne pas détourner la question et de me répondre quand je vous parle. Je vous demande ce que vous faisiez à une heure aussi avancée de la nuit, en un quartier qui n'est pas le vôtre?

— Parbleu, dis-je, je revenais d'une maison amie où j'avais passé la soirée.

— Ah! bah.

— Sans doute.

— Eh bien, je vous fais mes compliments, railla mon interlocuteur; vous menez une jolie existence.

Et après un instant de silence.

— Vous n'avez jamais eu de condamnations, Breloc?

Ceci mit le comble à la mesure. Je m'écriai :

— De condamnations!... Ah çà! me prenez-vous pour un escroc? Vous commencez par m'embêter avec votre interrogatoire.

Je dis, et, dans le même instant, jugeai ma dernière heure venue. D'un bond, le commissaire s'était mis sur ses pieds et maintenant il marchait sur moi, suant, bavant, le sang à la face. Sous la broussaille de ses sourcils, je voyais flamber ses yeux de fauve.

— Vous dites? bégaya-t-il; vous dites?

Je tentai de placer un mot, mais il ne m'en laissa pas le temps. Il rugit :

— Et je dis, moi, que je vais vous envoyer au Dépôt, ça ne va pas traîner! C'est l'heure du panier à salade, justement. Qui est-ce qui m'a bâti un polichinelle pareil? Ah! vous voulez faire de la rouspétance! Ah! vous voulez vous ficher de moi, et de la loi que je représente. Eh bien, vous êtes bien tombé!

Puis, scandant chacune de ses phrases à grands coups de poing abattus parmi les paperasses de sa table :

— Eh! tonnerre de Dieu, est-ce que je vous connais, moi! Est-ce que je sais qui vous êtes? Vous dites que vous vous appelez Breloc, je n'en sais rien! Vous dites que vous habitez place Blanche, qu'est-ce qui me le prouve? Vous dites que vous avez douze mille livres de rentes, est-ce que je suis forcé de vous croire? Faites-les donc voir un peu, vos douze mille livres de rentes, hein; vous seriez bien en peine de les montrer?

J'étais abasourdi.

— Tout cela n'est pas clair, conclut-il avec violence; je dis, entendez-vous bien, que tout cela n'est rien moins que clair et que j'ignore si vous ne l'avez pas volée, moi, cette montre!

— Volée!

— Oui, volée! Et puis, ce n'est pas tout ça; je vais en avoir le cœur net.

Des agents, au bruit, étaient venus. Il leur cria :

— Fouillez cet homme!

L'homme, c'était moi. En une seconde, je fus tel qu'un petit Saint-Jean, ma chemise tombée autour de mes pieds nus.

— Ah! vous voulez faire le malin, répétait le commissaire, goguenard; ah! vous voulez faire le malin ! — Levez-lui donc les bras, vous autres; faites-lui donc écarter les jambes.

Au renouvelé de tant de misères, la voix de Breloc s'altérait. Mais comme je riais, moi, aux larmes, hochant la tête, satisfait, reconnaissant là tout entières ces deux vieilles ennemies acharnées des gens de bien, l'administration et la loi :

— Que j'en trouve encore une, de montre !... hurla en manière de morale mon infortuné camarade, ce pendant que son poing exaspéré et clos élevait une menace vers l'avenir.

A L'ATELIER

A L'ATELIER

A Gaston de Bar.

La célèbre académie X... Grand hall vitré. Au mur, des fleurets; par terre, des haltères; dans un coin, un piano ouvert. Il est onze heures du matin. Les élèves sont à leurs chevalets. Antoinette occupe la table à modèles.

MAUDRUC, le fil à plomb tenu au bout du bras.

Tu disais donc, Lamerlette, qu'à l'Exposition du Champ de Mars le *1806* de Meissonnier n'était flanqué que de deux gardiens. Mais, pour garder ces deux gardiens, n'était-il point, ô Lamerlette, de municipaux à cheval, et n'était-il point de canons qui gardassent les municipaux?

LAMERLETTE.

Non.

MAUDRUC.

Lamerlette, que tu m'affliges! que tu m'affliges donc, Lamerlette! — Tiens, passe-moi un peu de cobalt; cette Antoinette a les jambes d'un bleu! Avec tout ça, où est donc Simonnet?

LE CHŒUR.

Il est au bain de vapeur!

MAUDRUC, hausse les épaules.

En voilà une scie idiote!

PIÉGELÉ.

Maudruc, ne blague pas le père Meissonnier; tu ne sais pas ce que tu deviendras.

HANNIBAL.

Blague le père Meissonnier, au contraire, Maudruc. On nous embête avec le père Meissonnier. Quoi, Meissonnier? quoi, Meissonnier? Après tout, ce n'est pas plus fort que Caran d'Ache.

(Protestations et rires.)

LAMERLETTE.

Hannib !, tais-toi, tu es ivre.

DES VOIX.

Il est ivre ! il est ivre ! Il a blasphémé ; il a mérité la mort !

HANNIBAL.

Salut à la libératrice. — Où diable est mon tabac !

LE CHŒUR.

Il est au bain de vapeur !

LAMERLETTE.

Hannibal, conviens que tu es ivre, ou on va te mettre broche-en-cul.

HANNIBAL.

J'en conviens, messieurs, je suis gris.

TOUS.

Ah !

HANNIBAL.

Mais ce n'est pas la boisson, au moins.

LAMERLETTE.

Qu'est-ce que c'est, alors ?

HANNIBAL.

La salade. J'ai un drôle de tempérament, je vous dirai. Je bois sec et abondamment, je supporte mieux que personne... — la jambe droite plus ferme, Antoinette, — le vin, le Champagne, les alcools, mais la salade me fiche dedans.

ANTOINETTE, suffoquée.

Ça, par exemple, c'est épatant.

MAUDRUC.

Dis que c'est triste.

ANTOINETTE.

A quoi que ça tient, dis, Hannibal, que tu sois soûl avec de la salade?

HANNIBAL.

C'est le vinaigre qui me monte à la tête, parbleu!

ANTOINETTE.

Tu ne devrais pas te laisser aller, puisque tu sais que ça te fait mal.

HANNIBAL.

Ah! va donc raisonner les passions!

— Tonnerre de Dieu! si le bélître qui m'a dérobé mon tabac ne se déclare pas à l'instant même, je lui fends la figure avec une hache.

DES VOIX.

Horreur! c'est atroce! Pas de sang ici!

MAUDRUC.

Cet Hannibal est fort méchant.

HANNIBAL.

Je veux mon tabac! Je le veux parce qu'il m'appartient et que je l'ai gagné avec mon travail.

PIÉGELÉ.

D'abord il ne t'appartient pas, par cette excellente idée qu'il a cessé de t'appartenir.

HANNIBAL

C'est toi qui me l'as pris.

PIÉGELÉ.

Pardon! je ne l'ai pas pris; je l'ai trouvé.

HANNIBAL.

Tu l'as trouvé... Où çà, donc ?

PIÉGELÉ.

Dans ta poche. Petitet est là qui peut le dire. N'est-ce pas Petitet ? — Tiens, qu'est-ce qu'il est devenu ?

LE CHOEUR.

Il est au bain de vapeur !

PIÉGELÉ.

Ah ! oui.

HANNIBAL.

Rends-le-moi, mon tabac, hein, dis ?

PIÉGELÉ.

Impossible.

HANNIBAL.

Voyons, rends-le-moi, Piégelé. Rends-moi mon tabac, s'il te plaît. Je me traîne à tes genoux, moralement.

PIÉGELÉ.

Tant de platitude me dégoûte, tu n'auras rien.

HANNIBAL.

Cœur de roche! — Je mets le massier en demeure de me faire monter quatre sous de tabac au compte de l'association.

LE MASSIER.

Aux voix, messieurs !

(Tumulte. Meeting. On entend : Oui! Non! Pique-assiette! Ayez pitié du pauvre fumeur sans tabac et cætera et cætera.)

LE MASSIER.

Il y a ballottage, j'interviens donc, en vertu du pouvoir discrétionnaire qui m'est dévolu, et déclare qu'il sera fourni à Hannibal vingt centimes de scaferlati supérieur sur la masse de l'atelier s'il veut nous chanter quelque chose.

(Approbation générale.)

LAMERLETTE, enthousiasmé.

C'est cela! Chante-nous quelque chose, Hannibal: *la Note du Suisse*, par exemple, ou *une Soirée chez Rodolphe*, tu sais, la machine...

Il fredonne :
On m'envoi' des coups d' pied dans le
Trou laï trou, laï trou lala.
Je r' çois des calotte' à foison,
Et zon, zon, zon.

HANNIBAL.

Et j'aurai du tabac, si je chante ?

LE MASSIER.

J'en prends l'engagement.

HANNIBAL.

Je vais chanter.
(Il se lève.)

TOUS.

Ah !

HANNIBAL, au piano.

C'est une espèce de rigolade que j'ai apprise l'autre jour : des paysans qui sont venus à Paris pour voir le 14 Juillet.

MAUDRUC.

Ça doit-être drôle. Vas-y.

HANNIBAL, qui prélude.

Hum !

Il se donne l'accord, puis chante :

Pour voir la Fêt' nationale
Et ses splendeurs à loisir,
Citoyens d' Sainte-Hamygdale
Nous avions pris l' train d' plaisir.

Y avait l'oncl' Poireau ; y avait
    La tante Navet ;
Le gard' champêtre et l' tambour,
    Catoire et Dubour ;
L' pharmacien, l' coiffeur César,
    Mon cousin l' houzard ;
Mon beau-pèr', ma bell' maman
    Et tout l' tremblement.

Nous avions des chapeaux d' soie,
Des cravat' vert' et des gants.
Des Parisiens mis en joie
Criaient : « C' qu'ils sont élégants !... »

Mais v'là qu' dans la rue d' Ponthieu
    J' perds mon onc' Mathieu ;
D'vant la Chapelle expiatoire,
    V'là que j' perds Catoire ;
Boul'vard de la Tour-Maubourg
    Je perds le tambour ;
En nous ballandant su' l' quai
    J' perds le perruquier.

Un p'tit pâtissier, q' je hèle
Me dit : « Monsieur Dugourdeau,

Ils sont sur la Saint'-Chapelle ;
Passez par le Château-d'Eau. »

Mais devant l' Palais d' Justice
   J' perds mon n'veu Sulpice,
Je l' cherche, et comm' par hasard
   Je perds le houzard ;
Au coin du passag' du Caire
   J' perds l'apothicaire ;
J' me r'tourne et dans l' mêm' moment
   J' perds ma bell'-maman.

L'oncle Poireau m' dit : « Écoute,
Montons sur la Tour Eiffel,
Nous les r'verrons d'là, sans doute ;
Pour voir au loin, y a rien d' tel ».

Nous arrivons à la Tour,
   Et là, tour à tour,
En grimpant les escaliers
   J' perds un d' mes souliers ;
En voulant r'garder trop haut
   Je perds mon chapeau ;
En m'accoudant su' l'appui
   J' perds mon paraplui'.

A cet accident funeste
Je sens la fureur qui m' bout ;
C' qui m' dégoûtait plus qu' tout le reste,
C'est qu' je r'trouvions rien du tout.

Mais en sortant d' l'ascenseur
    V'là que je perds ma sœur ;
Devant le Trocadéro
    J' perds mon onc' Poireau ;
Au sein d'un' foul' qui m' bouscule
    J' perds ma p'tite Ursule ;
D'vant un' musiqu' d'orphéon
    J' perds mon p'tit Léon.

Jouant du coude avec violence
Parmi des gens effarés,
En gesticulant j' m'élance
A la r'cherche des égarés.

Arrivé gar' Saint-Lazar'
    Je r'trouv' le houzard ;
Je r'tomb' sur mon p'tit Léon
    Plac' de l'Odéon,
Devant la Bell' Jardinière
    J' rattrap' ma bell' mère,
Au coin d' la ru' Quincampoix
    J' les r'perds tous les trois.

Bref, ma sœur, ma femm', ma fille,
Je n' sais pas c' que c'est d'venu ;
J'ai perdu tout' ma famille ;
J' suis bien fâché d'êt' venu ;

J'ai perdu Catoir', Dubour,
    J'ai perdu l' tambour ;

J'ai perdu mon onc' Mathieu,
J'ai perdu mon fieu.
Mais j'ai perdu pour l'av'nir
L'envi' de r'venir,
Si l'on m'y r'pince... cré nom
J' veux bien perd' mon nom !

(Silence glacial. Pas un bravo, pas un sourire. On se regarde avec des visages consternés. Hannibal, très embarrassé, ferme le piano et regagne sa place. Un temps).

UNE VOIX.

C'est un four.

UNE AUTRE VOIX.

Elle n'est pas drôle.

LAMERLETTE, affectueusement.

Quelle idée as-tu eue de nous chanter celle-là ? — Tu en connais de si amusantes !

HANNIBAL, très vexé.

Ah çà ! est-ce que vous me prenez pour un *bleu* ? Ah ! mais non, il n'y a rien de fait ; on ne me monte pas de scies à moi. D'ailleurs, il ne s'agit pas de ça. On m'a promis du tabac si je chantais ; j'ai chanté ; où est le tabac ?

LE CHŒUR.

Il est au bain de vapeur!

HANNIBAL.

Hé bien, qu'il en revienne.

PIÉGELÉ.

Non.

HANNIBAL.

Comment, non? je n'ai pas chanté, peut-être?

PIÉGELÉ.

Si! mais tu n'as pas mis le sentiment : c'est à refaire.

DES VOIX.

Oui, oui, qu'il refasse! Il y a maldonne.

HANNIBAL.

Ça, par exemple, c'est trop cochon!

(Onze heures sonnent).

ANTOINETTE, sautant à bas de la table.

Onze heures! dix minutes d'arrêt.

(Protestations de quelques laborieux.)

ANTOINETTE.

Silence aux pétardiers! J'ai mes trois

quarts d'heure de pose, moi. J'en ai ma claque, à la fin.

LES PÉTARDIERS, désarmés.

Devant ce torrent d'éloquence...

MAUDRUC.

C'est un fait que pour moucher le monde, Antoinette n'a pas sa pareille.

ANTOINETTE.

Tu parles! — Et à propos, que je vous dise donc! Je me suis disputée avec le chemin de fer.

MAUDRUC.

Bah!

ANTOINETTE.

Et salement encore! (*Elle enfile sa chemise*). Je voulais aller à Royat, figurez-vous, retrouver quelqu'un que je connais, un... monsieur..., enfin..., un ami.

LAMERLETTE, sèchement.

Ah pardon, je suis là! Je te prie de ne pas dire de saletés, Antoinette.

ANTOINETTE, ahurie.

Je ne dis pas de saletés.

LAMERLETTE, s'emballant.

Si, tu en dis ! si, tu en dis ! Et je ne le supporterai jamais ! Je ne viens pas ici pour être insulté ! Je le savais bien, qu'on me méprisait ! Oh mon Dieu !... oh mon Dieu !...

(Il éclate en sanglots grotesques. On le calme. Nouveau tumulte. Potin assourdissant. On entend : « Laissez-moi partir ! On m'a manqué de respect ! Je veux retourner chez mes parents qui sont des personnes honorables » Des voix protestent : « Lamerlette ! Lamerlette ! Si on t'a insulté, c'est sans le faire exprès ! »)

HANNIBAL, dont l'organe aigu domine le charivari.

Est-ce qu'on ne va pas me foutre à fumer, nom de Dieu !

(Lent apaisement. Ces messieurs regagnent leurs places. Lamerlette essuie ses yeux).

MAUDRUC

Achève ton histoire, Antoinette, c'était d'un puissant intérêt.

ANTOINETTE.

Je ne sais plus où j'en étais. Il me bouleverse, cet idiot-là, avec ses susceptibilités !

MAUDRUC.

Tu voulais aller à Royat.

ANTOINETTE.

Ah! oui! — Donc, je voulais aller à Royat. Je regarde le prix : vingt balles ! Je trouve ça chaud, comme de juste, et, j'en cause à Beaudunois, le paysagiste, qui me dit : « Écoute, Antoinette, si tu veux être bonne fille avec moi je te donnerai le moyen de voyager à bon marché ».

MAUDRUC.

Tu acceptas.

ANTOINETTE.

Ma foi oui. Tiens ! je n'ai pas le moyen de perdre vingt francs, moi !

MAUDRUC.

C'est évident. — Quand ce fut fait?...

ANTOINETTE.

Quand ce fut fait, Beaudunois m'expliqua : « C'est bien simple, ma chère enfant, tu n'auras qu'à donner cent sous et à dire que tu es enceinte, vu que sur les lignes de chemin de fer les femmes enceintes voyagent à quart de place ».

L'ATELIER, d'une seule voix.

Tu ne le savais pas?

ANTOINETTE.

Mon Dieu non, et je l'appris avec plaisir. Il ajouta : « Tu vas aller voir de ma part le docteur Gustave, mon ami. C'est un garçon très complaisant; il te donnera une attestation. » J'allai voir le docteur Gustave qui me dit...

MAUDRUC.

... « Soyez bonne fille, Antoinette, et je vous donnerai un certificat ».

ANTOINETTE.

Qui est-ce qui te l'a dit?

MAUDRUC.

Je l'ai deviné; le docteur est si complaisant!

ANTOINETTE.

C'est une justice à lui rendre. Cela

n'empêche pas qu'au chemin de fer on n'a rien voulu savoir !

LE CHOEUR, incrédule.

Allons donc !

ANTOINETTE.

C'est comme je vous le dis.

PIÉGELÉ.

Tu ne me feras pas croire cela !

ANTOINETTE.

C'est pourtant la vérité. Bien mieux ! on m'a traitée de grue et de femme soûle !

MAUDRUC.

Tas de crapules ! Tu devrais te plaindre dans les journaux, Antoinette.

ANTOINETTE.

Tu crois ?

MAUDRUC.

Oui, et gueuler contre le monopole.

ANTOINETTE.

Qu'est-ce que c'est que ça, le monopole ?

LAMERLETTE.

Je vais te l'expliquer en deux mots. C'est une espèce de télescope; ça sert à mettre des parapluies et ça donne bon goût au boudin.

PIÉGELÉ.

Messieurs, n'exagérons rien. Rien ne prouve que notre amie ait su se faire clairement comprendre de ces intelligences bouchées. (*A Antoinette*). Ne nous cache rien, Antoinette; tu t'es bornée à dire que tu étais enceinte et à montrer le certificat?

ANTOINETTE.

Évidemment.

PIÉGELÉ.

Tout s'explique ! Il fallait demander une première-militaire.

MAUDRUC.

Parbleu ! — Retournes-y demain, Antoinette, et si tu n'as pas ce que tu veux...

LE CHOEUR, avec un ensemble touchant.

... Va chez le commissaire de police !

LA LOI SUR LES CHIENS

LA LOI SUR LES CHIENS

I

— Eh bonjour, monsieur le baron! fit en allant au-devant de ce personnage que venait d'introduire l'huissier, l'excellent M. Boissonnade, substitut près le procureur de la République, à X... (Loir-et-Sarthe). Prenez-donc, s'il vous plaît, la peine d'entrer et de vous asseoir. Du diable si j'eusse pensé vous voir jamais sur ce... siège d'infamie!

En un crapaud de reps sang-de-bœuf, le baron Larade, en effet, venait de loger son vaste envers. Il avait enlevé son chapeau, et un instant, autour de soi, il promena de gros yeux ingénus, congestionnés d'inquiétude.

— Hélas! soupira-t-il.

— Oui, d'infamie! reprit gaiement le magistrat. N'est-ce pas à votre coupable emportement que je dois l'avantage de votre visite? Le gendarme Paternoster a porté plainte contre vous; à l'en croire, vous l'auriez traité de belle façon, le gendarme Paternoster, qualifié de... — Ah ah! Eh eh! Oh oh! Un gros mot, monsieur le baron! un bien gros! un mot énorme!!! — Vous l'auriez, dis-je, qualifié de « daim. » Cela est exact?

— Hélas! soupira à nouveau le baron, tandis que l'autre, très amusé, retournait le fer dans la plaie, jouait une maligne comédie, répétait :

— Grave, cela! excessivement grave! Outrage à un agent de la force publique dans l'exercice de ses fonctions. Six jours à trois mois. Article 224. »

Mais le pauvre insulteur de gendarme gémit : « Je suis déshonoré! » d'une voix à ce point déchirante que le substitut, l'âme fendue, désarma.

Il dit :

— Mon Dieu, calmez-vous. La loi, au fond, est bonne personne, avec laquelle il y a des accommodements. Voyons — et il s'installait en son siège inquisitorial, sur les extrémités accouplées de ses doigts il déposait son menton gras, pareil au fessier minuscule d'une poupée de dix-neuf sous — contez-moi votre petite affaire.

II

— C'est simple comme bonjour, monsieur le substitut, dit alors le baron Larade. J'habite le château de La Châtaigneraie, près le hameau d'Écoute-s'il-Pleut, où j'ai la prétention d'être connu assez avantageusement. J'y dote une rosière chaque année, j'ai fait remettre à neuf le clocher de l'église, donné des pompes aux pompiers, bourré de bannières et pouvu d'une grosse caisse la fanfare municipale, et cætera, et cætera. (J'évoque le souvenir de ces petites libéralités, à titre de simples circonstances atténuantes.) Il y a une quinzaine de jours, j'étais allé, comme à mon habitude, demander un peu d'appétit à la promenade et au grand air; toujours comme à mon habitude, j'avais emmené Venceslas.

— Votre petit ratier anglais, qui ressemble à un radis noir ? interrompit M. Boissonnade.

— C'est cela même.

— Je le connais. J'ai eu le plaisir de le voir quelquefois avec vous, à la musique, le dimanche ; charmante petite bête.

Le baron eut un sourire d'orgueil. Il salua.

— Trop aimable, fit-il ; il n'a rien que de très ordinaire. Toutefois j'y suis fort attaché, et cela pour plusieurs raisons : d'abord, nous ne sommes plus jeunes, lui ni moi, puis nous sommes veufs tous les deux, également intelligents (je le dis sans fausse modestie) et de commerce plutôt agréable. En outre, comme tous ses pareils, ce petit animal..., — mon Dieu, comment dirais-je ?... — *stationne* volontiers le long des murs, et moi-même ayant une cystite, nous pouvons au cours de nos promenades stationner aussi fréquemment que le besoin s'en fait sentir sans craindre de paraître ridicules l'un à l'autre. Ça n'a l'air de rien, c'est énorme; c'est sur ces petites simplifications de la vie que reposent les vraies et, solides affections. Ne le pensez-vous pas?

— Pardon! je le pense tout à fait au contraire! proclama M. Boissonnade qui avait amené sous sa dent la pointe d'un de ses favoris et frénétiquement la mâchait.

Le baron Larade continua.

— Il était huit heures environ, il faisait un temps magnifique. J'allais au hasard de la marche, buvant à pleins poumons l'air pur de la campagne, bénissant le Seigneur notre Dieu d'avoir fait la nature si belle et moi si digne de la comprendre. Dans mon dos Venceslas trottait, goûtant lui aussi la douceur de cette ineffable matinée. J'entendais derrière mes talons le tin tin du grelot pendu à son collier, un tin tin qui s'accélérait et se ralentissait alternativement, selon que moi-même, plus ou moins, je hâtais le pas ou le modérais. De temps en temps, pour souffler, je prenais une seconde de repos ; alors je n'entendais plus rien que le chant des alouettes invisibles, car Vinceslas, dans le même instant, avait fait halte sur mes traces.

Soudain, au loin, par-dessus l'océan de blé mur qui moutonnait à l'infini, je distinguai le bicorne en bataille du gendarme Paternoster; je devinai que le hasard allait nous mettre face à face, et je me félicitai de cette bonne fortune. Je suis un homme simple, monsieur le substitut ; je suis un homme sans méchanceté : l'uniforme n'a rien qui m'effraie, et la vue des gens de bien me fait toujours plaisir. Je me préparais donc à jeter au gendarme un souhait affectueux de bonne santé, quand — jugez de mon étonnement ! — ce militaire qui m'avait joint, rectifia la position, puis tirant un calepin de sa poche :

— Ordonnance de police, dit-il ; les chiens doivent être tenus en laisse. Le vôtre étant en liberté, je vous dresse procès-verbal.

Procès-verbal! Je vous demande un peu!... Un petit chien gros comme le poing! et gentil! et doux! et sociable!... Enfin!...

Je me rendis en hâte chez le maire, homme charmant, qui s'excusa fort et se montra navré de ma mésaventure :

« C'est là, m'expliqua-t-il, une mesure
« de sécurité générale qui demande à
« être appliquée avec quelque discerne-
« ment. Il est clair qu'un chien comme
« le vôtre, bien tenu, bien portant, gras
« à souhait, ne saurait être assimilé aux
« chiens malheureux et errants, que vise
« l'ordonnance de police. Le gendarme,
« en la circonstance, a manqué du bon
« sens le plus élémentaire. Je lui laverai
« la tête proprement, vous pouvez en être
« assuré, et lui apprendrai les égards dus
« aux gens de votre condition. Tout de
« même, en attendant que je le voie et
« pour vous éviter de nouveaux ennuis,
« vous feriez bien, monsieur le baron, de
« tenir votre chien en laisse. C'est l'af-
« faire de deux ou trois jours. »

Très bien, j'achetai une laisse et j'y attachai Venceslas. Il en parut surpris, disons plus, mortifié. Comme j'ai eu l'honneur de vous l'exposer, il n'est plus jeune, à beaucoup près. Il jouit — le Ciel en soit loué ! — d'une santé de tous points florissante, mais enfin il a atteint l'âge où l'on supporte malaisément un changement dans les habitudes et c'était, cette laisse, tout un bouleversement dans sa petite existence de chien. De l'instant, oui, de l'instant même, où il cessa de se sentir libre, il se refusa systématiquement à me suivre, rivé des quatre pattes au sol. En vain, je tâchai à le raisonner, m'excusant, invoquant le cas de force majeure, en appelant à son bon cœur et faisant surgir à ses yeux l'inquiétante silhouette du gendarme, peine perdue ! il demeurait sourd, il secouait furieusement la tête, voulant dire par là, sans doute, qu'il était de mœurs insoupçonnables et n'avait rien à démêler avec la gendarmerie. Ainsi, deux jours, nous nous promenâmes par les champs et par les bois, moi à l'avant, lui à l'arrière, tirant chacun sur une extrémité de la laisse, à ce point qu'on n'eût pu savoir lequel de nous deux tenait l'autre, et cette vie, en vérité, devenait insoutenable et odieuse, quand brusquement, à un détour de sentier, je me retrouvai en présence du gendarme Paternoster.

— Le maire m'a parlé, dit cet homme qui avait fait halte en me voyant; votre chien a le droit d'être libre.

— Ah! ah! m'écriai-je satisfait.

Il reprit :

— Vous le tenez en laisse, cependant; pourquoi le tenez-vous en laisse? — Je vous dresse procès-verbal.

A cette déclaration inattendue, une douce gaieté s'empara de moi. Le gendarme, fronçant le sourcil, dit que je raillais l'autorité. Je haussai les épaules, le gendarme s'emporta. Je répliquai, il m'imposa silence d'un ton que je jugeai inconvenant. C'est alors que perdant patience je tournai le dos à ce brave homme en lui jetant dédaigneusement de côté cette parole qui m'amène aujourd'hui devant vous et demeurera à tout jamais le remords de mon existence :

— Gendarme, vous êtes un daim.

III

— A vrai dire, fit le substitut contenant une forte envie de rire, le crime, si grand soit-il, ne me semble pas impardonnable, et pour peu que le gendarme, comme dans la chanson de Durandeau, y mette de la complaisance...

Il n'acheva pas. Du doigt il fit jouer le bouton d'un carillon électrique greffé sur la muraille, à portée de son bras.

— Faites entrer le témoin.

Le gendarme parut.

Il fit trois pas, éleva à la hauteur de l'œil sa main gantée de coton blanc, puis la laissa retomber dans le rang, attendant qu'on l'interrogeât. C'était un homme d'une quarantaine d'années, roux de moustache et portant beau. Sur le fond gros bleu de sa tunique, ses boutons de plomb brillaient comme autant de soleils, et sa chaussure immaculée, bien que la pluie tombât à seaux et qu'il eût, pour venir, fait ses cinq kilomètres, disait sa science infinie, son art incomparable et approfondi du « marcher ».

— Gendarme, dit le substitut, M. le baron Larade s'est rendu coupable envers vous d'une incontinence de langage. Il le reconnaît, il s'en excuse, et je me hâte de vous transmettre ses regrets. Il honore votre caractère à l'égal de votre personne, et il serait heureux, gendarme, que vous veuillez bien oublier un mouvement de mauvaise humeur qu'il est le premier à déplorer. Je m'associe pleinement à ce souhait.

De ce petit speech familier le pauvre baron délinquant avait énergiquement, de la tête, approuvé chaque phrase, chaque syllabe. Aux mots : « Il honore votre caractère à l'égal de votre personne », il avait murmuré : « Sans doute!... » ; il avait, au mot « déplorer », essuyé un pleur silencieux.

Le gendarme, cependant, demeura inflexible.

— On m'a appelé daim ! dit-il.

— Il est vrai, poursuivit M. Boissonnade, avec une nuance d'impatience ; le baron a eu ce tort grave, mais enfin, gendarme, que diable ! à tout péché miséricorde ! Vous même, d'ailleurs, par votre double interprétation, d'abord excessive puis absurde, d'une réglementation... élastique, avez rendu compréhensible dans une certaine proportion l'écart de langage dont il s'agit. Je vous conjure d'y réfléchir. Retirez votre plainte, gendarme, croyez-moi. Épargnez à l'arme d'élite à laquelle vous avez l'honneur d'appartenir le scandale d'un débat public, et à la petite commune d'Écoute-s'il-Pleut, dont M. le baron Larade est depuis tant d'années le bienfaiteur, le deuil d'une inimitié entre deux personnalités également considérées et sympathiques.

Immobile et impitoyable :

— On m'a, dit le gendarme, appelé daim.

Entendant cela, le baron Larade eut un geste désespéré. Il sentit que c'en était fait; il comprit quelle boîte à rancune préservait des rhumes de cerveau le chapeau aux poils ras, aux cornes aplaties, du gendarme Paternoster. Il se vit condamné, flétri!... Une vague bouffée de paille humide vint lui caresser les narines! Et, fou, hagard, éperdu, sourd aux rappels à l'ordre de M. Boissonnade qui hurlait en rossant sa table de coups de poing : « Mais taisez-vous donc, sacrédié! mais c'est de la tentative de corruption, cela! Article 179! trois mois à six mois! » il bégaya :

— ... Bras long... relations considérables au ministère de la guerre! galon de brigadier, gendarme!... la sardine blanche sur votre manche bleue!...

Il y eut un instant de silence. Le gendarme était devenu blême et un frémissement léger agitait sa main gantée de blanc. Et tout à coup, sur la vision entr'aperçue d'un paradis longuement convoité sans espoir d'y jamais atteindre, laissant retomber ses paupières :

— Dites au moins que vous ne le pensiez pas, murmura-t-il d'une voix mourante.

LA PÉNITENCE

LA PÉNITENCE

L'abbé Bourry tourna deux fois dans la serrure l'énorme clef de la vieille église; mais, ceci fait, il demeura, le front brusquement rembruni, les doigts restés sur le loquet, dans un mouvement de surprise et d'attente. Le bas légèrement troussé de sa soutane découvrait le deuil de sa cheville et la boucle de son soulier déjà posé sur le pavé de la place.

— Eh! là, m'sieu l' curé, c'est y donc que j' pouvions pu m' confesser?

Devant lui, débouchée comme une bourrasque d'une ruelle avoisinante, la Claudine, une femme du pays, élevait des bras désespérés. Ses tempes battaient la charge tant elle avait couru, et sur l'extrême bord de sa classique marmotte quadrillée de blanc et de mauve,— un mauve passé, filé lentement sous le chiendent de la brosse, dans l'eau courante du lavoir municipal, — la sueur de son front mettait un liséré brun.

Le vieux prêtre eut un geste d'impatience.

- Le bon Dieu vous bénisse! dit-il, est-ce là une heure pour se présenter à confesse?

— J'ons pu v'ni pus tôt, dit la femme.

Il s'emporta :

— J'en suis fâché! Vous reviendrez une autre fois.

Puis devant le regard éploré de la Claudine :

— Eh! aussi, c'est toujours la même comédie; les vaches et les cochons d'abord, et le bon Dieu ensuite, si le temps le permet! Allez, ma bonne, ce sera pour la semaine prochaine. Je dîne aujourd'hui au château; j'y suis attendu à six heures, et je n'ai point loisir de vous entendre. Bonsoir.

La Claudine éclata en sanglots simulés.

— Eh! là mon Dieu, eh! là mon Dieu!... Moi qui voulions faire mes Pâques!

— Vos Pâques!

Le bonhomme se tut. Une seconde, il hésita, partagé entre le sentiment du devoir et la crainte d'arriver en retard chez ses hôtes, où l'attendait, comme tous les ans, un fin maigre de Samedi-Saint.

Ce fut le sentiment du devoir qui l'emporta.

La bouche pincée, rageant à froid, il fit refaire à la grosse clef deux nouveaux tours en sens contraire. L'une suivant l'autre, la paysanne et le curé franchirent le seuil de l'église. Devant un humble maître-autel, que paraient, protégés par des globes de pendules, des bouquets montés de calicot, l'ecclésiastique cala une chaise, une chaise de paille enlevée au passage, cueillie au vol, tandis qu'il filait rapidement entre les rangs de sièges de la nef.

S'étant assis, il dit :

— Mettez-vous à genoux.

La Claudine obéit.

— Faites le signe de la croix. Dites votre *Confiteor*.

La Claudine partit comme un cheval échappé, éperdument lancée dans sa prière comme une écolière zélée dans la leçon apprise pour la circonstance et possédée sur le bout du doigt. Elle ne s'arrêtait plus. Il dut intervenir.

— C'est bien. Dites-moi vos péchés.

La Claudine garda le silence.

— Ma fille, je vous en prie, faites vite, dit l'abbé impatienté; je suis à la dernière minute. Voyons, vous n'avez, n'est-ce pas, ni tué, ni volé personne? Alors, quoi? Vous fûtes menteuse, gourmande? Vous avez négligé de dire vos prières et tenu des propos contre l'honnêteté? Eh bien! c'est bon, allez en paix et ne péchez plus. Je vous donne l'absolution, au nom du Père, et du Fils et du Saint-Esprit.

Déjà il se levait. La pénitente, toujours agenouillée, murmura :

— J'ons fait ben pis qu' tout ça, mon père.

— Oui? Dites-lé alors! je vous écoute.

— Eh ben! mon père, dit la Claudine baissant le nez, j'ons... j'ons... j'ons fait des traits à mon homme!

— Ouf! fit l'abbé. Ah! saperlipopette, ma fille, que venez-vous de m'apprendre là?

Les bras lui en tombaient. L'excès de sa stupeur fut tel, que le secret de la confession y passa :

— Vous aussi!... vous aussi!... ça manquait!... Y en avait tout juste deux de propres dans le pays, la Jeanne à Maréchal et vous... Et maintenant, voilà que vous-même!... Le bon Dieu vous bénisse, allez!

Les paroles lui manquaient.

Il demanda pourtant :

— Quand ça vous est-il donc arrivé, ce malheur-là?

— Y a z'un mois, mon père, jus comme l'or. A la mi-mars, autant dire.

— Avec qui?

Elle nomma le coupable.

— Chenapan! murmura l'abbé.

Puis :

— Et combien de fois, depuis un mois, avez-vous... ce que vous savez?

— Mon père, j'Ions fait onze fois.

— Onze fois !

Le chiffre lui parut énorme. Il éleva des mains maudissantes et déjà il ouvrait la bouche pour flétrir, quand les trois quarts après cinq heures sonnèrent, trois coups qui traînèrent longuement dans l'écho sonore de l'église, avec ce timbre de chaudron fêlé propre aux horloges de village. Rappelé à la réalité, il bredouilla, pressé d'en finir :

— Vous repentez-vous, au moins ?

L'autre s'exclama :

— Si j' me r' pens. Et j' l' cré ben que j'me r'pens? Ce cochon-là m'a engrossée !

— Eh bien ! rentrez chez vous, dit l'abbé qui fit le sourd, vous y direz quatre *Pater* et quatre *Ave* et vous viendrez communier demain. Allons, ma fille, vite, pressons-nous.

Il ramassa son tricorne qu'il avait déposé à terre, au pied de sa chaise. La pénitente s'était relevée. A ce moment, dans le carré de lumière vive que découpait la porte ouverte de l'église sur la place ensoleillée du village, une nouvelle silhouette parut. La Jeanne, cette fois, c'était la Jeanne, la Jeanne à l'heureux Maréchal, toute blonde et réjouie, et si grasse, que ses seins tremblottaient en sa camisole flottante, comme deux paquets de raisins murs.

L'abbé protesta :

— Non! ah non! cette fois, en voilà assez.

Mais la Jeanne, très calme, s'avançait. Elle aussi voulait se confesser; elle aussi voulait faire ses Pâques. Et elle s'étonna, goguenarde, demandant si c'était maintenant le curé qui empêcherait ses paroissiennes d'accomplir des devoirs sacrés. Convaincu et exaspéré, le bonhomme retomba d'un bloc sur sa chaise; il empoigna la Jeanne au bras et, presque, il la jeta à genoux devant lui.

Il répétait :

— Eh bien, quoi? quoi? Qu'est-ce que vous avez à me dire? Peut-être bien que vous avez trompé votre homme vous aussi !

La Jeanne demeura lèvres closes. Simplement de haut en bas, elle hocha trois fois la tête.

Le curé sursauta.

— Eh! allons donc, parbleu! à cette heure la fête est complète! Ah! scélérat de pays! scélérat de pays!

Puis :

— Depuis quand le trompez-vous, ce pauvre diable?

— Depuis un mois.

— J'en étais sûr! Ah! scélérat de printemps! scélérat de printemps! Tous les ans la même comédie! — Et combien de fois, s'il vous plaît, avez-vous péché depuis un mois?

— Sept fois, mon père, dit la Jeanne.

Le vieux prêtre parut tout décontenancé.

Il dit :

— Sept fois ; vous dites, sept fois ?

Les yeux au ciel, il calculait, tâchant à établir une proportion équitable entre la pénitence qu'il avait imposée à la Claudine et celle qu'il imposerait à Jeanne.

— Voyons ! onze est à sept, comme quatre est à X. La moitié d'onze... la moitié d'onze... — le bon Dieu vous bénisse, avec vos comptes impairs ! — la moitié d'onze est de cinq et demi, et la moitié de sept est de...

Mais l'horloge sonna six heures.

Alors il bondit, mis debout comme sous la surprise d'un coup de fouet :

— Ah ! et puis, ma bonne, vous savez, si vous croyez que j'ai le temps de faire de l'algèbre et des règles de proportion, vous vous trompez ! Allez ! allez ! rentrez chez vous ! vous y direz quatre *Pater* et quatre *Ave*, et vous tromperez votre homme quatre fois de plus. Ça fera le compte.

UN HOMME QUI BOIT

UN HOMME QUI BOIT

Comme je demandai à La Brige — sachant qu'ils ne se voyaient plus — s'ils y avait, entre Paul de Maurianne et lui, quelque grave sujet de fâcherie, il me répondit que, tout de même, c'était dans les choses possibles. Comme j'insistai et le questionnai sur la nature de leurs griefs, il eut un geste silencieux, un large geste de prêtre à l'hôtel disant : *Dominus vobiscum*, et ne s'expliqua pas autrement. Je flairai une affaire de femmes et le sondai à cet égard, mais il se borna à sourire et répondit, comme Langely à

Louis XIII : » Montaigne dit *que sais-je* et Rabelais *peut-être!* » Alors je l'envoyai coucher.

Lui passa son bras sous le mien et s'écria :

— Allons ! allons ! est-ce que tu ne vas pas te fâcher, toi aussi ! Que diable, je je réponds à tes questions, mon cher ! j'y réponds comme je le puis faire, avec toute l'ambiguïté que me permet l'étrangeté d'une histoire, unique, je crois, en son genre. Écoute et juge ; le fait mérite d'être conté ! Aussi bien, plus clairvoyant que moi et pleinement désintéressé dans la question, débrouilleras-tu la vérité du mystère obscur qui l'enveloppe. Je le souhaite et ne le crois point.

Tu n'es pas sans savoir que de Maurianne et moi, ne sommes pas copains d'hier. Nous nous connûmes tout bébés, au temps où nos pans de chemise passaient encore par le fond de nos culottes. Nous grandîmes dans une mutuelle amitié, usâmes côte à côte les bancs du même collège, et plus tard, devenus grands garçons, jetâmes ensemble notre gourme dans les mêmes brasseries à filles du quartier.

Je crois même, ma parole d'honneur, que nous nous... déniaisâmes, lui et moi, avec la même roulure, mais ce détail importe peu. Un jour, de Maurianne se maria ; je devins l'ami de la maison, le commensal obligé dont le couvert est mis à demeure. Je n'usai, toutefois, de l'hospitalité, qu'avec une certaine réserve, étant tombé vaguement amoureux de la femme. Oh ! un rien ! une idée ! un cheveu ! le simple vague-à-l'âme des lendemains d'entrevue, qui flotte comme un reste d'ivresse et disparaît avec une nuit de bon sommeil.

Quand naquit son premier enfant, de Maurianne donna à dîner et, naturellement, j'en fus. Une demi-intimité, douze à quinze convives, pas plus. L'on mangea ferme, l'on but sec, et l'on bavarda bruyamment, avec cette émulation imbécile des hommes qui se sentent sous le regard des femmes. Moi, je tins à honneur, comme bien tu le penses, de faire ma petite partie dans le concert, et je me donnai du montant à grand renfort de Léoville, de vieux Mâcon et de Sauterne. Je fis des mots, contai diverses anecdotes dont je savais l'effet certain, et tins la tablée tout entière sous le charme de mon esprit si franchement original et primesautier. Oh! pour avoir été gai je fus gai, ça ne fait pas l'ombre d'un doute; seulement, sur le coup de neuf heures, quand on apporta le fromage, j'étais rond comme une simple pomme.

Je ne te dissimulerai pas que je fais un triste buveur. Dire que je suis gris avec du coco, non; mais que j'aie une contrariété ou une joie inattendue, avec trois bocks là-dessus, ça y est!

Tu vois d'ici l'effet du vieux Bourgogne et du Bordeaux blanc combinés, sur une cervelle comme la mienne. J'étais ivre, ivre à rouler; j'aurais juré qu'un pivot invisible imprimait à la table une rotation folle, et, sur les épaules des dîneurs, les visages se dédoublaient, dansaient dans cette buée légère et tremblottante des poêles chauffés à l'excès.

J'ai la chance, quand je suis pincé, de m'en rendre compte aussitôt, inappréciable avantage qui me met en situation de parer à la circonstance et de prendre toutes les mesures qu'elle nécessite : je cache mon tabac, bois de l'eau à ras bords et limite les frais de ma conversation à quelques réponses évasives et brèves, quitte, si un mot récalcitrant fait mine de vouloir s'empâter sur ma langue, à tourner mentalement autour jusqu'à ce que j'en aie trouvé l'équivalent. Dès lors, je puis être tranquille et porter un défi hautain à la perspicacité des plus fines mouches.

Je serais donc sans inquiétude sur ce que je pus dire et faire au cours du repas et de la soirée qui le suivit, sans le rêve, le sacré rêve, le rêve infernal et absurde qui vint tout gâter et tout perdre!

Je demandai :

— Un rêve! Quel rêve?

— Eh, reprit-il, un rêve imbécile que

je fis, une fois couché et endormi, et qui me ramena chez de Maurianne, en ce même salon que je venais de quitter, reconstituant le lieu, le milieu et les têtes avec une exactitude parfaite, rivant de si étroite façon la réalité à la chimère que les événements de l'une et de l'autre devenaient, en quelque sorte, les anneaux d'une chaîne continue.

Lorsque je m'éveillai le lendemain matin, tout de suite le mot me vint aux lèvres :

— Non d'un chien, j'en aurais fait de belles, si tout cela n'était qu'un rêve !

Puis, à la réflexion :

— Un rêve..., c'est fort bien ; mais jusqu'à quel point n'est-ce qu'un rêve ?

Toute la question était là, en effet.

Une angoisse s'empara de moi :

— Voyons, un peu de sang-froid ! Tâchons de démêler l'écheveau, si c'est possible.

Je pris ma tête entre mes mains — ma pauvre tête meurtrie comme si tous les cantonniers de Louviers l'eussent tambourinée de leurs maillets. Malheureusement, entre les fumées de l'ivresse et les fumées également vagues du cauchemar, mes souvenirs indécis flottaient, et je demeurai terriblement inquiet au fond, m'efforçant à remettre chaque chose en sa place, à rétablir l'équilibre des faits, à classer en son domicile respectif, section du vrai, section du rêve, côté cour et côté jardin, chacun des événements de cette nuit agitée. Oh cette nuit! elle apparaissait à ma mémoire comme une de ces épreuves photographiques ratées, où seulement par ci par là, surgit un détail précis. Et il était joli le détail, seigneur Dieu! Tour à tour, et aussi nettement que si j'y fusse été encore, je me voyais, exécutant avec des chaises des tours variés de gymnastique, puis rossant le piano à coups de poing, puis tourbillonnant une valse, moi qui me sais aussi incapable d'un accord que d'un entrechat!

Je me mis à rire.

— Mon Dieu, lui dis-je, en supposant, pour mettre les choses au pis, que tu aies fait le papillon et démantibulé le piano autrement que dans ton imagination — ce qui me surprendrait fort, d'ailleurs — le cas ne serait pas pendable.

Il répondit :

— Je te l'accorde; aussi me mettrais-je l'esprit moins à la torture si je pensais m'en être tenu à ces démonstrations bénignes.

— Ah! il y a une suite?

— Je t'écoute! Si je te disais que, brusquement, je me vis grimpé sur une chaise et haranguant la compagnie!

— En rêve?

— En rêve ou en réalité, je n'en sais rien! Toujours est-il que je hurlais : « Eh bien! parfaitement, je suis gris! je suis gris comme trente-six lanciers polonais; et si vous n'êtes pas satisfaits, vous pouvez aller vous baigner! » Autour de moi, des têtes consternées se contemplaient, tandis que de Maurianne me tirait par la jambe, répétait : « Allons, calme-toi, tu es un peu énervé, tu devrais rentrer te coucher. » Mais je ne voulais rien savoir.

Avec cet entêtement particulier aux ivrognes, j'avais pris à partie un vieillard décoré, dont la froideur, en face de mes plaisanteries, m'avait sourdement exaspéré durant le repas, je le désignais de mon bras étendu, vociférant : « C'est comme ce vieil imbécile!.,. c'est comme ce vieil imbécile!... » sans parvenir à formuler plus complètement ma pensée. Trouves-tu encore que le cas ne soit pas pendable?

— Eh, m'écriai-je, illusion; illusion d'un bout à l'autre! Ton cerveau, congestionné par les vapeurs de l'alcool, t'a seul forgé toute cette fantasmagorie, et ton récit sent le cauchemar à plein nez.

Mais il m'interrompit :

— Pardon! Que le cauchemar joue en mes souvenirs un rôle, même considérable, soit! Mais, à certains éclairs de lucidité, il m'est facile de comprendre qu'il n'en a pu faire tous les frais. J'ai encore devant les yeux — et ceci après six semaines! — un domestique qui me présente un plateau de punch; je me vois encore moi-même, seul, sous la pluie, guettant un fiacre au coin de la rue d'Offémont ; et cela je ne l'ai point rêvé, j'en suis bien sûr ! Ça n'a l'air de rien, c'est énorme, établissant, clair comme le jour, que je ne suis pas, d'un bout à l'autre, ainsi qu'il te plaît à penser, le jouet d'un rêve illusoire ! Chimère et fantasmagorie tant que tu voudras, mais avec un fond d'indiscutable réalité ! Au surplus, si je me fusse borné à ces facéties de mauvais goût, je m'en consolerais encore ; mais il y a pis que cela, mon cher ; pis que tout le reste à la fois ; pis, en un mot, que tout ce que tu peux supposer, imaginer et concevoir.

Un soupçon m'effleura l'esprit :

— Mme de Maurianne, n'est-ce pas ?

Il dit :

— Eh parbleu oui, Mme de Maurianne !... dans un couloir obscur... quelque chose d'énorme !...

— Bigre !

— Il reprit :

— Quelque chose d'énorme, te dis-je

le fait d'une brute et d'un goujat! mais de la brute la plus abjecte, du goujat le plus quintessencié! Nom de nom, quand je pense à cela, les cheveux m'en dressent sur la tête! Moi! moi La Brige! qui me sais et qui me connais! que j'en sois tombé, même en un moment de vertige et d'aberration irresponsable, à ce degré d'abaissement et d'ignominie! Non, cent fois non, mille fois non, la tête sous le couteau, je dirais non encore! mais s'il en est ainsi pourtant? Car enfin, est-ce que je sais moi? De quoi est-ce qu'on n'est pas capable, quand on a bu? Ah! sale déveine de tonnerre de Dieu! pourquoi faut-il être bâti autrement que le sont les autres et ne pouvoir boire à sa soif!

— Mon cher ami, lui expliquai-je, l'outrance seule du fait dont tu parles est un indice certain de son invraisemblance. D'ailleurs, n'es-tu pas sûr de toi qund tu as bu? Tu me l'affirmais à l'instant.

— Le tout, fit-il, est de savoir si je m'en

suis tenu aux vins de table. Or, j'ai la vision très nette d'un régiment de bouteilles casquées sur la nappe, et, devant moi, d'un cornet plein! Puis, comme de juste, est venu le café, et aussi sa fidèle escorte de carafons : le kirchwasser, le rhum vieux et le fin cognac ami de l'homme; sans compter la bière et le punch dans le courant de la soirée! Je frémis à la seule idée que j'ai pu boire de tout cela! absorber saloperies sur saloperies jusqu'à deux heures du matin, moi qui, à neuf heures du soir, ne tenais déjà plus debout! Et j'ai dû le faire, entends-tu; il est infiniment probable que je l'ai fait! Alors, quoi? je te le demande! de quel ridicule ne me suis-je pas couvert, et de quelle honte, peut-être! Ajoute à cela que, depuis lors, je suis sans nouvelles de de Maurianne : fait absolument anormal et qui n'est point, tu le supposes, pour calmer mes anxiétés!

— Là, en effet, était le côté grave de l'affaire.

Je rassurai de mon mieux, toutefois,

ce pauvre diable désolé, et lui affirmai que sous peu j'aurais tiré la chose au clair.

Et justement, à trois ou quatre jours de là, je rencontrai Paul de Maurianne.

Je lui posai très nettement la question :

— Dites-moi, de Maurianne, oui ou non, avez-vous eu à vous plaindre de La Brige ?

Il dit :

— Moi ! quand cela ? En quelles circonstances ?

— Lors d'un dîner que vous donnâtes, il y a de cela six semaines, pour la naissance de votre bébé.

Il parut rappeler ses souvenirs, puis, simplement :

— Ma foi, mon cher, je ne sais même pas ce que vous voulez dire.

— En un mot comme en cent, ceci, lui répondis-je : La Brige, au cours de ce dîner, croit avoir bu avec excès, s'être grisé depuis les pieds jusqu'à la tête et avoir fait des sottises.

Paul de Maurianne s'exclama bruyamment :

— Mais pas du tout! mais est-il bête! Il a été gentil et charmant au possible! la joie et l'entrain de la soirée! Vous dire qu'il ne fut pas un tantinet... parti. je le veux bien, mais enfin ça se résume là.

— D'où vient alors que, depuis ce temps, vous l'ayez laissé sans nouvelles?

— De cela que, ma femme et moi, nous partions à la mer le lendemain matin. Ce n'est point faute que je l'en aie prévenu, cependant : je le lui ai dit quatre fois! Non, mais c'est insensé, une histoire pareille; qui diable lui a pu fourrer dans la tête une idée aussi saugrenue?

Ce ton d'extrême sincérité coupait court à toute équivoque; je jugeai superflu de faire du mystère et je contai à de Maurianne le cas singulier de La Brige. Il commença par s'esclaffer. Toutefois, quand j'en vins à l'affaire du couloir, il se rembrunit brusquement.

Il eut un instant de silence.

— Comme ça, demanda-t-il enfin, ce serait quelque chose d'énorme?

Tout de suite, je vis quelle gaffe j'avais commise.

Je m'efforçai de la réparer :

— Laissez donc, mon cher, laissez donc! une simple hallucination, pas davantage!

Il eut un hochement de tête :

— J'entends bien, parbleu : un cauchemar! c'est égal, ça, c'est embêtant.

— Mais... m'écriai-je.

D'un geste, il m'imposa silence :

— Eh! mon cher, vous êtes étonnant! Un cauchemar, c'est facile à dire, mais jusqu'à quel point n'est-ce qu'un cauchemar? Je n'en sais rien, après tout, et puis bien me poser la question, moi aussi! Il est des choses qu'une femme honnête ne confesse pas à son mari. Non, voyez-vous, le préférable est que nous en restions là. Aussi bien, La Brige et moi, nous vivrons fort bien l'un sans l'autre. Et puis enfin, si vous voulez savoir le fond intime de ma pensée, La Brige n'est pas un monsieur qu'on puisse recevoir à sa table : un garçon qui se soûle, merci bien!

L'entretien prit fin sur ce mot, et je continuai ma route, absolument désespéré du résultat de ma négociation.

———

L'ESCALIER

L'ESCALIER

A Jules Jouy.

I

Mon oncle était une vieille bête, m'expliqua ce fou de Ratcuit, une vieille bête, mais un brave homme; ma tante, elle, une vieille rosse, mais elle était bougrement rigolo.

Ils habitaient Puy-l'Évêque, un trou lugubre, en Vendômois.

A l'extrémité de la ville, à deux pas des anciens remparts, ils occupaient une maison à deux étages, qu'emplissait du matin au soir le bruit de leurs incessantes querelles. Cette maison, mon oncle la tenait de son père; celui-ci la tenait du sien, lequel la tenait, à son tour, de l'arrière-grand-père de mon oncle, et comme ça à l'infini.

Depuis des temps immémoriaux, une génération la repassait à l'autre, de même qu'au bacarra-chemin-de-fer on se repasse le paquet de cartes. Successivement chacun de ses propriétaires l'avait remise au goût du jour en en rajeunissant la toiture ou le pied, mais toujours elle était restée une jambe en l'air, avec une moitié d'elle-même en retard sur l'autre moitié, d'un demi-siècle, présentant ainsi un aspect singulièrement équivoque, quelque chose comme un personnage qu'aurait revêtu, par en bas, la courte culotte à canon du grand siècle, et, par en haut, le clair mastic d'un rase-pet contemporain.

Entre les quatre murs de cette maison de Janot, l'oncle et la tante vivaient en chien et chat, animés l'un contre l'autre d'une antipathie instinctive qu'avaient lentement aiguisée trente-cinq années de tête-à-tête, le vide d'une existence provinciale formidablement imbécile et dénuée de but. Il suffisait à l'un d'exprimer une façon de penser, pour que l'autre, précipitamment, affichât une manière de voir diamétralement opposée. Pourquoi? on ne sait pas! pour rien, pour le plaisir, comme Caussade tua Latournelle. Et ainsi, de parti pris, ils s'exaspéraient mutuellement : elle, agressive, âpre, hargneuse; lui, goguenard, dédaigneux, fort pour les haussements d'épaules et les silences insultants.

Il faut te dire que si la maison de mon oncle péchait un peu par les dehors, en revanche elle laissait très fort à désirer au point de vue de la commodité; bien faite, d'ailleurs, par la surprenante niaiserie, l'étrangeté imprévue de sa disposition, pour les deux ganaches impayables qu'elle avait charge d'abriter. C'est ainsi que la chambre à coucher, située au second étage, communiquait avec la salle à manger, située à l'étage inférieur et exactement au-dessous, par un absurde corridor, large à peu près comme une brouette et long comme un jour sans pain, que continuait un non moins absurde escalier, plus noir et tortueux cent fois que l'âme d'un prêteur à la petite semaine ; un coup à se casser les reins, gentiment, et neuf fois sur dix.

Il en résulta que ma tante parla un jour de la nécessité qui s'imposait de remédier à cet état de choses, en reliant d'un escalier en pas de vis les deux pièces superposées.

Mon oncle demeura frappé de l'ampleur de cette conception. Aussi se fit-il un devoir de proclamer le projet inepte, circonstance qui détermina ma tante à le mettre séance tenante à exécution. Dispensatrice des fonds communs, elle fit venir le menuisier et l'entrepreneur de bâtisses, lesquels, flanqués de leurs aides, expédièrent l'ouvrage en huit jours. L'oncle les avait regardés faire, sifflottant et fumant sa pipe. Ces messieurs en allés, il dit :

— A cette heure, tu es satisfaite, et voilà de belle besogne. Admirable escalier, vraiment! et élégant! et décoratif! et commode! — Je n'y passerai pas, au reste.

Ma tante ne s'attendait pas à celle-là. Elle blêmit.

— Tu ne passera pas par cet escalier? demanda-t-elle.

— Jamais de la vie! dit mon oncle.

— Et pourquoi n'y passeras-tu pas? demanda encore ma tante.

— Parce que, répondit mon oncle, il il ne me sied point d'y passer.

Il ricanait, content de lui. Ma tante, abasourdie, se taisait. Violemment, elle conclut :

— C'est trop fort, par exemple! Mais je te jure bien que tu y passeras.

— Et moi, dit l'autre, avec une calme assurance, je te jure que je n'y passerai pas.

La discussion en resta là. Mon oncle, trois jours, triompha; seulement, le dimanche matin, quand il vint solliciter de

ma tante les soixante et quinze centimes
dont elle le gratifiait hebdomadairement
en vue de ses menus plaisirs, celle-ci
déclara comme ça qu'il n'y avait plus de
monnaie pour les imbéciles obstinés.

Une rosserie, quoi ! L'oncle eût co-
gné !... Il se contint pourtant, il fit bonne
figure, jusqu'à siffler entre ses dents un
petit *allegro* joyeux. Même, ainsi qu'il
avait coutume chaque dimanche, il sortit après déjeuner, fut traîner quatre
heures par les rues, sous une pluie bat-
tante et sans un liard sur lui, et ne ren-
tra qu'à la nuit close en affectant le
dandinement léger de l'homme qui a un
peu bu, et aussi l'empâtement de la langue, histoire de faire croire à sa femme
que les « imbéciles obstinés » comptaient
en ville plus d'un ami capable de leur
payer à boire.

Et cette grotesque comédie se repré-
senta autant de fois que les mois eurent
de dimanche, les deux époux mettant
leur point d'honneur à ne se céder l'un
ni l'autre. D'ailleurs, ils ne se parlaient

plus, ils avaient cessé de se connaître, couchant ensemble à la façon des deux étrangers qu'a réunis en un même lit le trop-plein d'une auberge cosmopolite, luttant de dignité et de morgue hautaine à gagner la salle à manger, l'heure venue, chacun par une route différente, et sentant se développer en eux de farouches et irréconciliables haines.

II

Un jour, en descendant son escalier — le sien ! — l'oncle posa le pied à faux. Il dégringola bruyamment et demeura sur le derrière, dans une obscurité de cave, à brailler comme un cochon de lait.

Il avait une patte cassée.

Ma tante, comme de juste, accourut, et te dire son contentement, non ! c'était à arracher des cris de joie à un seau de charbon de terre.

Elle répétait :

— Vingt francs !... On m'eût donné vingt francs !... je ne serais pas plus satisfaite !

— Vieille gueuse ! criait l'oncle indigné, vieille coquine ! A-t-on idée d'un tel monstre de femme !

Mais elle se fichait bien de ça! Mon ami, elle suffoquait! elle râlait, littéralement! et de son doigt, piqué sur la pomme d'Adam, indiquait que les mots ne voulaient plus sortir, dans l'étranglement de l'allégresse! Ah! c'était une nature charmante! Tout de même, elle se décida à envoyer chercher le médecin, qui posa le premier appareil et recommanda pour le blessé une tranquillité absolue.

C'était demander l'impossible.

Le blessé haussa les épaules; il ramena son drap sur ses yeux, tel autrefois César ramena le pan de sa toge, et, bravement, attendit la mort.

Aussi bien en était-ce fait à tout jamais de la tranquillité de mon oncle; désormais il portait au sein une plaie ouverte, à l'égal du Rhin allemand, depuis que Condé triomphant a déchiré sa robe verte. La jambe cassée n'était rien : c'était au cœur que, véritablement, il avait ressenti un coup, dans le temps que s'effiloquait sa culotte au bord des marches ébréchées de son escalier, — à lui!

Ah! si ma tante, encore, eût cédé au plaisir de trompetter sa victoire et de l'aller crier sur les toits!... Mais non, c'était une femme forte, qui connaissait le cœur humain comme si elle en eût vendu et dédaignait l'insolence dans le succès, sachant fort bien qu'il est tel cas où l'humilité savante du vainqueur est un coup de fer rougi à blanc sur la blessure du vaincu. Durant les onze jours que l'oncle tint le lit, pas une fois elle ne s'oublia, ne souilla d'un mot équivoque, d'une allusion aigre-douce, d'un malicieux sous-entendu, l'éclat immaculé de son triomphe.

Simplement elle gardait une face rayonnante, un énigmatique sourire, figé, incrusté dans le coin de sa lèvre et de qui l'atroce ironie poursuivait l'oncle jusqu'en sa ruelle, le pénétrait, jusqu'en ses moelles, d'une innumérabilité de pointes de feu. Suppose le martyr suraigu de l'homme qu'a changé un génie malfaisant en la pelote d'épingles de Jenny l'Ouvrière, et tu auras une vague idée de l'état moral de mon oncle, cependant que, froidement, sciemment, volontairement, ma tante le tuait, à l'épargner ! sucrait, auprès de lui, des tasses de tilleul ! affectait des prévenances courtoises, les délicatesses odieuses de l'ennemie pénétrée du sentiment de sa force.

Dans ces conditions, tu comprends, autant eût valu au malade cracher sur sa jambe mauvaise, en priant le bon Dieu pour qu'il gelât dessus. Un beau matin, la fièvre s'en mêla, le délire, tout le diable et son train ; l'oncle commença de discourir à la manière d'une femme soûle, disant que ma tante s'amusait à le faire cuire à petit feu, après l'avoir lardé tout vif, qu'elle avait suspendu des lampions allumés aux quatre coins de sa table de nuit et qu'en signe de réjouissance elle tirait des feux d'artifice à travers l'appartement : des bêtises, enfin, des giries, tout un 14 juillet en chambre, éclos en un cerveau malade de Prudhomme déshonoré.

Ça devait finir par une catastrophe et,

en effet, ayant ainsi, trente-six heures, donné la comédie aux gens, le moribond tourna de l'œil.

C'est très bien ; il arriva ce qui arrive toujours en ces cas-là, à savoir l'ordonnateur des pompes funèbres, suivi d'un quadrille de croque-morts qui mirent mon oncle dans le sapin et se le collèrent sur l'épaule en criant : « Oh ! hisse ! » Mais déjà, en la nuit profonde du corridor, résonnaient les souliers ferrés de ces braves gens, s'éteignaient les miroitements de leurs chapeaux et leurs dos aux tons bleus d'ardoise, quand ma tante intervint doucement, et, du doigt, indiquant son escalier, — à elle :

— Eh là ! vous vous trompez de chemin ! Par ici, messieurs, par ici !

Puis, entre ses mâchoires serrées, tandis qu'accoudée sur la rampe elle suivait avec intérêt la descente perpendiculaire et cahotée de son défunt :

— Je t'avais bien dit que tu y passerais ! railla cette excellente femme.

LA PENDULE

LA PENDULE

I

— Lamerlette! il demande si je connais Lamerlette! s'écria mon vieux camarade le peintre Théodore Maudruc, de la même voix qu'il se fût écrié : « Il demande si j'ai vu les moulins de Montmartre ou entendu parler de Christophe Colomb! » Lamerlette? Mais sache donc ceci, malheureux enfant que tu es, c'est que nous avons, lui et moi, fait ménage ensemble trois ans ! Nous en avions vingt, alors. Oh! dame, ce n'est pas d'hier, encore que je le croirais volontiers, tant le passé est tout à la fois loin et proche.

Quel chic garçon, ce Lamerlette, et gentil, et bon cœur, et gai !... Nous habitions rue Véron, sur la Butte, un petit atelier de trois cents francs qu'emplissait du matin au soir le vacarme de nos chansons et où nous travaillions au même modèle en nous chauffant du même bois. Car nous étions terriblement pauvres, sais-tu ; sans le sou la plupart du temps et sans pain un peu plus souvent qu'à notre tour.

— Sans pain ? fis-je un peu sceptique.

— Oui, mon cher, dit Maudruc, sans pain ; à telle enseigne que Lamerlette, bien des fois, dut aller faire le chapardeur chez un épicier de la rue Burq qui l'honorait de sa sympathie et s'était logé en l'esprit de le faire renier sa foi républicaine. De là, entre eux, des prises de bec qui assourdissaient le quartier. Lamerlette se défendait, parlait d'un sien grand-oncle tué à Jemmapes, et tout en braillant comme un âne il abattait de furieux coups de poings au hasard des sacs de lentilles, de haricots rouges et de pois secs qui parsemaient la boutique. Puis, quand il avait la poche pleine de ces légumes enlevés au vol dans le feu de la discussion, il concluait d'un mot énorme et cavalait, laissant l'épicier triompher sur le seuil de son épicerie et lui jeter de loin, dans le dos, une goguenarderie dernière. Oui, ah! oui, c'en était un type, ce Lamerlette, et en voilà un, par exemple, qui peut se vanter de m'avoir fait rire. C'était le contraire du bon sens, ce garçon; l'absurdité elle-même faite chair et poussée à de tels paroxysmes qu'elle en devenait démontante. Que de fois je le vis employer les deux sous qui composaient toute notre fortune à acheter des cure-dents, des épingles à cheveux ou des portraits de l'empereur du Brésil! Il trouvait cela tout naturel et il le proclamait avec tant de candeur que je perdais jusqu'à la force de le blâmer. Tout de même nous dansions devant le buffet ces jours-là, car l'épicier de la rue Burq n'était pas toujours en humeur de faire de la politique, et puis enfin il fermait le dimanche, ce brave homme ! Mais, bah ! c'était l'âge admirable où l'on vivrait sans boire, ni manger, ni dormir, l'âge où l'on vit parce que l'on vit, et qu'il n'y a pas à en chercher plus long. Ah ! la jeunesse !...

Il s'interrompit. Du bout de sa brosse il posa un reflet de lumière en la prunelle du *Saint-Jérôme* qu'il peignait. Et tandis que je le regardais faire, silencieux et intéressé, des meuglements lointains de cornets à bouquins peuplaient le calme de l'atelier, s'en venaient expirer par les lourdes tapisseries qui en masquaient, entre leurs loques vénérables, les murs au ton de chocolat.

— Au fait, dit-il tout à coup, t'ai-je jamais conté l'histoire de la pendule ? C'est cette mi-carême qui me la remet en mémoire.

— Ma foi, non, répondis-je.

Il reprit :

— Hé bien ! écoute-là ; elle vaut la peine d'être entendue. Cela se passait justement un de ces jours d'effroyable dèche qui occupaient pour nous tant de place dans le mois. On nous eût mis, Lamerlette et moi, sous le pressoir, du diable si de nos goussets eût jailli seulement une pièce de six liards ! Nous avions déjeuné de quatre pommes de terre et nous commencions de nous demander si le destin n'allait pas nous contraindre à ne dîner que de leurs pelures, quand le père Zackmeyer vint nous voir.

Ce Zackmeyer était un vieux fripier de Montmartre qui vendait et achetait de tout, depuis des Diaz apocryphes jusqu'à des fers à repasser. Il fit le tour de l'atelier, inspecta sans souffler mot la nuée d'études et d'ébauches qui en habillait les murailles, et finalement déclara :

— Tout cela ne vaut pas un clou; bien sûr non, ça ne le vaut pas. C'est sec, ça manque d'intérêt et ça sent le pompier à plein nez. Ah ! là là ! en voilà de la sale peinture. N'importe, je suis un brave homme; je ne veux pas être monté pour rien. Qu'est-ce que vous voulez de tout ça?

— Douze cents francs, dit Lamerlette.

Zackmeyer ne s'émut pas ; il dit tranquillement :

— Douze cents francs ? Je vous en offre quatre louis.

Nous acceptâmes aussitôt.

Zackmeyer, sur un coin de table, nous aligna donc quatre jaunets ; Lamerlette, de sa main droite, les chassa dans le creux de sa main gauche, puis dans les profondeurs ténébreuses de ses poches, où on les entendit s'abattre l'un sur l'autre avec le bruit d'une grêle d'or, après quoi il dit gravement :

— Il faut employer utilement un argent qui nous vient du ciel. Nous sommes aujourd'hui lundi gras, c'est bal à l'Opéra demain, nous allons nous offrir ça ; y a trop longtemps que ça me démange.

Au mot de « bal, » le père Zackmeyer était devenu attentif.

— Parbleu, fit-il, voilà une admirable idée et véritablement vous jouez de bonheur ; j'ai chez moi un stock de costumes variés qui sont les plus jolis du monde et qui vous iraient comme des gants. Je vous les céderais pour un morceau de pain, histoire de vous rendre service.

Tout de suite ce fut affaire faite. Zackmeyer se chargea nos toiles sur les épaules et nous le suivîmes à sa boutique, où nous choisîmes deux costumes, de singes, je crois, ou de mousquetaires ; deux ignominies en tous cas, deux saletés rongées de vermine et d'usure qui valaient bien trente sous la paire et qu'il nous vendit vingt francs pièce. Encore jura-t-il hautement qu'il s'imposait un sacrifice et que nous serions des sans-cœur si nous ne lui payions le vermouth. Quel vieux filou ! Nous le lui payâmes cependant, enchantés de notre acquisition et tout à l'idée du plaisir que nous procurerait le lendemain.

II

Ce même lendemain, à huit heures, un coup de sonnette me mit sur pied.

Je me vêtis, en prenant soin de ne pas éveiller Lamerlette (car le lit nous était commun, comme tout le reste), et je me trouvai, ayant ouvert, en présence d'un garçon de recettes qui demandait :

— Monsieur Maudruc?

— Monsieur Maudruc, dis-je, c'est moi.

Il continua :

— Je viens pour toucher un effet.

— Un effet!

— Oui, monsieur; un effet de vingt-cinq francs.

— Eh! il y a méprise! m'écriai-je; je n'ai souscrit d'effet à personne. Voulez-vous me permettre de voir ?

— Voyez, monsieur.

Et il me tendit le billet. Je lus :

Paris, 1ᵉʳ décembre 1868.

Au 1ᵉʳ mars prochain, je paierai à M. Matraque, tailleur, ou à son ordre, la somme de vingt-cinq francs, valeur reçue en marchandises.

Théodore MAUDRUC.

11 *bis, rue Véron.*

Ah ! misère ! c'était pourtant vrai, et je me souvenais, enfin ! Oui, il était bien de moi, ce billet, souscrit à trois mois d'échéance comme à une date illimitée, un jour que s'était fait sentir, de façon un peu trop pressante, la nécessité d'une culotte ! Et je contemplais, atterré, ce misérable bout de papier, cette loque graisseuse surchargée de griffes et de paraphes escortant le même avis fatal : « *Payez à l'ordre de... Payez à l'ordre de...* » qui se venait abattre lourdement, au milieu de notre petite fête, comme une grosse araignée dans un plat de crème.

L'homme me regardait en souriant. A la fin, il me dit :

— Vous n'avez pas de fonds ?

Je protestai :

— Si, je les ai ! mais j'aimerais autant les garder.

Il eut un geste vague. Je demandai, enhardi :

— Et si je ne paye pas, qu'est-ce qu'on me fera ?

— C'est bien simple, répondit-il ; on vous prendra votre mobilier.

Entendant cela :

— Je paye, dis-je.

Et ayant, en effet, allongé vingt-cinq francs dans tout le désespoir de mon âme, j'en allai prévenir Lamerlette.

Lamerlette bondit du lit comme une fusée. Les yeux hors de la tête, il me saisit au col, m'abreuva de reproches, me traita de voleur, de canaille, de concussionnaire. Il dit que je payais mes dettes avec « l'argent des personnes, » et que jamais il n'oublierait un tel excès de déloyauté.

Là-dessus il mit son pantalon et tomba à une prostration silencieuse. Vingt minutes il erra à travers l'atelier, rêvant, mâchonnant ses rancunes, faisant halte de temps en temps pour compter et recompter dans le creux de sa main les dix-huit francs six sous qui nous restaient en caisse : toute une tragédie intime que je guignais du coin de l'œil en piquant d'une pointe de couteau un morceau de boudin qui chantait sur le poêle.

Nous déjeûnâmes face à face sans échanger une parole ; mais comme je pliais ma serviette :

— Conviens, Maudruc, dit Lamerlette, que tu t'es conduit comme un mufle.

— J'en conviens, confessai-je avec une parfaite indifférence.

— Eh bien, continua-t-il, tu as un moyen de racheter ton improbité. Il nous manque vingt-deux francs pour payer nos entrées au bal : mets ta pendule au mont-de-piété, nous aurons toujours douze francs dessus, et je me charge d'emprunter le reste à Zackmayer.

Je m'exclamai :

— Jamais de la vie ! Une pendule que maman m'a donnée pour ma fête, et qui est le luxe de l'atelier !...

— Ça ne fait rien, reprit Lamerlette, mets-la au mont-de-piété tout de même.

La façon dont je hurlai : « Non ! » avec un geste qui sabra le vide, équivalait à un arrêt. Lamerlette n'insista pas. Sur la table débarrassée je juchai un moulage en plâtre du Discobole dont je me disposai à faire une étude peinte, et pendant un instant on n'entendit plus rien que le grincement aigre du fusain sur le grain de la toile tendue.

— Maudruc, mets ta pendule au clou, dit soudain Lamerlette qui me regardait faire, en me fumant sa pipe dans le dos.

— Tu m'embêtes, répondis-je, je t'ai déjà dit non.

Il souffla une bouffée de fumée et continua :

— Mets-la donc au clou, ta pendule.
— Zut !

Impassible, il dit :

— Tu ne veux pas l'y mettre ?

Du coup, je me bornai à hausser les épaules, déterminé à ne plus répondre, mais lui, froidement, prit une chaise, et vingt minutes durant, sans qu'une seule fois il s'interrompît pour reprendre haleine, il me persécuta, m'obséda, me larda de la même phrase sempiternellement rabâchée et marmottée à mon oreille en lamentable faux bourdon :

— Maudruc, mets ta pendule au clou ! Maudruc, mets ta pendule au clou ! Mets ta pendule au clou, Maudruc ! Dis, mets-la au clou, ta pendule ! Hé, Maudruc ! Maudruc, mets ta pendule au clou !

Même il s'embrouillait à la fin, m'appelait Maudrou, puis Maudrule :

— Mets ta pendruc au trou, Maudrule ! Mets-la donc au truc, ta pendrou !

C'était à en devenir enragé. Je dus me rendre.

— Hé bien, oui, je vais l'y mettre ; mais tais-toi, Lamerlette, tais-toi ! ou, nom d'un tonneau, je t'étrangle !

Il n'en demandait pas davantage. Soigneusement, dans de vieux journaux il enveloppa la pendule, et il me la logea sous le bras en me recommandant de faire diligence.

Déjà j'étais dans l'escalier.

— Il y a un clou rue Fromentin! me criait Lamerlette, accoudé sur la rampe.

III

Or, je dégringolais la rue Germain-Pilon quand quelqu'un me barra la route. Je levai le nez et je vis... — Non, devine un peu qui je vis? — Maman! maman elle-même, qu'un hasard amenait en course dans le quartier. Hein, c'en était une, de malechance?

Elle était très gentille, maman, en ce temps-là; de dix ans plus jeune que son âge et grosse comme deux liards de beurre, mais maîtresse femme, je t'en réponds, et entre les mains de laquelle, tout grands gaillards que nous fussions, papa et moi, ne pesions pas lourd.

Elle dit :

— Ah! te voilà, toi; et il faut que je te rencontre pour savoir comment tu te portes. Pourquoi n'es-tu pas venu nous voir, tout ces temps-ci ? Qu'es-tu devenu ? Qu'as-tu fait ? Si ce n'est pas honteux, à ton âge, de ne penser qu'à l'amusement. Va, tu es bien le fils de ton père ; ta tante me le disait encore hier soir.

Et patati, et patata. Elle m'étourdissait. Vainement je tentais de placer un mot :

— Voyons, maman ! Voyons, maman !...

Peine perdue ; elle allait toujours ; et les passants se retournaient, amusés et surpris un peu d'entendre ce carabinier appeler « maman » d'un air d'écolier pris en faute un petit bout de femme qu'il eut pu prendre entre deux doigts et mettre tranquillement dans sa poche. Enfin, pourtant, elle se calma et consentit à se laisser embrasser. Puis :

— Que tiens-tu là ! demanda-t-elle.

— Ce sont des livres, répondis-je avec une agréable audace ; oui, une véritable occasion : *l'Histoire des peintres primitifs*, en trois volumes, que je viens d'acheter chez un bouquiniste.

— Des livres! dit maman, très flattée est-ce que tu deviendrais raisonnable?

Moi, là-dessus, je voulus faire l'intéressant et je commençai de me dandiner, disant qu'on s'était fort mépris sur le fond de mon caractère, que j'étais le monsieur le plus sérieux du monde avec mes airs de me ficher de tout, que le travail avait toutes mes veilles, et cætera, et cætera. Et juste comme j'en étais là, voici tout à coup, — ô stupeur — que *l'Histoire des peintres primitifs* sonna trois heures sous mon bras!

Maman me regarda; je regardai maman; nous nous regardâmes, maman et moi. Oh! dam, je crus à une calotte; pour ce qui est d'y croire, j'y crus, car je lui savais la main leste. Mais sans doute mon air idiot la désarma.

— Menteur! dit-elle sans colère.

Et, avec un haussement d'épaules :

— S'il est permis, avec une barbe pareille, d'avoir aussi peu de raison. — C'est ma pendule qui est là-dedans?

— Oui, maman.

— Tu l'allais mettre au mont-de-piété, je parie ?

— Oui, maman.

— Tu n'as plus le sou?

— Non, maman.

— Ah! mon Dieu.

Ce fut tout. Elle tira sa bourse.

— Tiens, voilà deux louis, grand serin. Tâche au moins que ça te profite.

Cinq minutes plus tard je réintégrais l'atelier à la manière d'un obus.

— Lamerlette, criais-je, v'là deux louis! Tiens, v'là deux louis, Lamerlette; et voilà aussi la pendule!

Lamerlette n'y comprenait rien. En trois mots, je le mis au fait. Alors, nous nous prîmes par les mains et nous nous mîmes à danser comme deux énergumènes en braillant à tue-tête :

— Vive la vie! Vive la joie! Vive le père Zackmeyer! Vive la mère Maudruc!

Il se tut. Il rétrograda de quelques pas, clignant des yeux pour mieux juger l'aspect de sa toile. Mais à ses hochements de tête, je le sentais rêveur, la pensée à cent lieues de là, partie à la chasse aux souvenirs. Et par trois fois, du bout de ses lèvres serrées :

— Jeunesse! Jeunesse! Jeunesse! murmura-t-il.

LES
PETITS VAUDEVILLES DE LA VIE

UNE ENVIE

LES
PETITS VAUDEVILLES DE LA VIE

UNE ENVIE

SCÈNE PREMIÈRE.

Le théâtre représente le boudoir de Madame.
La pièce étroite et close dont parle le poète.
Sur les doigts agiles de Madame, courant
parmi les blancheurs d'une layette, l'abat-
jour précipite un bain de lumière rose.
Neuf heures sonnent à la pendule.

MONSIEUR, jetant avec violence et avant de l'avoir
allumée au fil de la lampe la cigarette qu'il vient de
rouler.

Adrienne, le moment est venu d'une explication catégorique. Depuis huit jours tu me fais la tête ; j'ignore le pourquoi de cette démonstration : je commence à en avoir assez.

(Geste de dénégation de Madame.)

MONSIEUR.

Oh! inutile de te défendre. En somme, tu es femme, tu es jeune, tu es... eh! eh! (*Il regarde d'un œil attendri le peignoir, légèrement bombé par devant, de Madame*)... Chère petite !... (*Il lui baise la main.*)... Tu as donc tous les droits du monde aux faciles dépits et aux petites mauvaises humeurs des enfants un peu trop gâtés. Je désire toutefois qu'aucun malentendu ne trouble notre bonne entente. Le jour n'est pas plus pur que le fond de mon cœur, j'ai la certitude de n'avoir rien fait ni dit qui justifie un mécontentement de ta part et cependant, je te le répète, tu me fais la tête ! Pourquoi?

ADRIENNE, faiblement.

Je ne fais pas la tête, mon ami ; c'est un effet de ton imagination.

MONSIEUR, agacé.

Une erreur de mes sens abusés ; parfaitement ; je m'y attendais. Tiens, Adrienne, tes froids mensonges ont le don de me mettre hors de moi. Oser soutenir que tu ne fais pas la tête, alors que depuis huit jours je ne t'arrache plus les paroles qu'avec une clé de Garangaud ! Tu me rappelles Paul Legrand dans je ne sais plus quelle pantomime, niant qu'il eût dérobé une poire duchesse et secouant la tête de droite à gauche avec une noble indignation, tandis que la queue de la poire, engloutie d'une seule bouchée, lui sortait encore des lèvres.

(Madame sourit.)

MONSIEUR.

Au lieu de rire, tu ferais bien mieux de t'expliquer.

ADRIENNE.

Je ne le peux pas, tu me gronderais.

MONSIEUR.

Je te gronderais ? moi ? au moment où

je suis, ou je dois être plus que jamais...
(*Nouveau coup d'œil plein de gratitude sur le peignoir gonflé de Madame*)... chère petite!
(*Il lui rebaise la main*)... le fidèle serviteur de tes volontés, de tes souhaits, de tes moindres caprices! au moment où me sont doublement chers ta santé, ta tranquillité et ton bien-être! je te gronderais? Vrai, Adrienne, tu me fais de la peine à me dire de pareilles choses.

(Un silence.)

ADRIENNE.

Tu veux savoir la vérité?

MONSIEUR.

Certes, je le veux!

ADRIENNE, honteuse.

Hé bien... j'ai une envie.

MONSIEUR.

Petite bête! Et tu ne le dis pas!... Ignores-tu donc, imprudente enfant, quelles peuvent être les conséquences d'une envie contrariée de femme grosse? que certains êtres portent sur eux, en marques indélébiles, les caractéristiques du caprice maternel non satisfait, depuis l'odieuse tache de vin jusqu'à la modeste framboise qui rougit à la belle saison? — Tiens, tu connais ma tante Zulma? Étant enceinte, elle eut une envie de morue. C'était idiot, c'était grotesque, c'était tout ce que tu voudras, mais enfin elle eut cette envie. Hé bien, elle accoucha d'une fille qui...

ADRIENNE.

Qui eut une tête de...? Horreur!...

MONSIEUR.

Non, elle n'en eut pas la tête... elle n'en eut que les sentiments : à dix-huit ans, elle tournait mal!

ADRIENNE.

C'est épouvantable!

MONSIEUR.

C'est pourtant à quoi tu t'exposerais en t'obstinant à garder le silence. Par conséquent, Adrienne, crois-moi; vas-y de ta petite confession, et quelle que soit ta fantaisie, je prends l'engagement d'y répondre. Affectueusement, mais impérieusement, je te somme de t'expliquer.

ADRIENNE.

Je vais le faire.
(Sourire encourageant de Monsieur.)

ADRIENNE.

Tu sais que c'est bientôt le 14 juillet?
(Approbation muette de Monsieur.)

ADRIENNE.

Je voudrais donc... — Ah! et puis toutes réflexions faites, j'aime mieux ne te rien dire, tu te fâcherais.

MONSIEUR.

Je te jure que non!

ADRIENNE.

Si!

MONSIEUR.

Mais non! Mon Dieu, que tu es agaçante.

ADRIENNE, d'une voix à peine perceptible.

Hé bien voilà : je voudrais qu'à cette occasion...

MONSIEUR.

Qu'à cette occasion ?...

ADRIENNE.

Tu fusses...

MONSIEUR.

Je fusse ?...

ADRIENNE.

Nommé...

MONSIEUR, qui s'étonne.

Nommé ?...

ADRIENNE, d'une voix mourante.

Officier d'Académie.

MONSIEUR, qui bondit.

Off...! Ouff! En voilà une envie! Ah çà, est-ce que tu perds la tête ?

ADRIENNE.

Je le savais bien que tu te fâcherais.

MONSIEUR, se contenant.

Je ne me fâche pas, mais, vraiment, c'est insensé! A-t-on idée d'un tel caprice! Officier d'Académie! et à quel titre, bon Dieu? (*A la réflexion.*) Je sais bien que les titres... (*Geste vague.*) Seulement, j'ai beau fouiller et refouiller mon passé, je n'y trouve guère qu'une condamnation à quinze jours d'emprisonnement pour avoir rossé un gardien de la paix, et tout de même, comme titre, c'est trop peu. Ah! cré nom d'un chien de nom d'un chien! ces choses-là n'arrivent qu'à moi! Voyons, Adrienne, raisonne-toi. Les palmes!... mais ils sont douze mille qui les demandent! Tu n'as donc pas lu les journaux?

ADRIENNE.

Si.

MONSIEUR, navré.

Et tu veux!...

ADRIENNE, très douce, très gentille.

Ce n'est pas de ma faute, mon ami, c'est la faute de la nature.

MONSIEUR.

Alors, tu ne crois pas qu'un petit voyage en Suisse ou une soirée aux Variétés?...

ADRIENNE.

Non.

MONSIEUR, désespéré.

Réfléchis, sacrebleu ! Demande-moi tout excepté cela !

ADRIENNE.

Je ne te demande rien, Hippolyte, je te dis ce qui est, voilà tout.

MONSIEUR, l'œil fixé sur l'avenir.

Hé bien ! ça va être du propre !...

SCÈNE II.

Six semaines plus tard. La chambre à coucher. L'orchestre joue l'air : « Lorsque l'enfant paraît. »

ADRIENNE, couchée.

Ah ! ah ! ah ! ah ! ah ! ah !

MONSIEUR, affalé sur une chaise et le crâne plongé dans les mains.

Douze heures que cela dure !... Douze heures !

LA SAGE-FEMME.

Un peu de courage, ma petite dame, dans une minute, ce sera fini.

ADRIENNE.

Oh! oh! oh! oh! oh! oh!

LA SAGE-FEMME.

Encore un petit effort... Là! c'est cela! très bien! — Eh allez donc!... enfin! nous le tenons, ce gaillard-là. — Monsieur, louez Dieu, vous êtes père!

MONSIEUR, suffoquant.

C'est?

LA SAGE-FEMME.

Un fils; et un beau, je vous en réponds!

MONSIEUR, qui se dresse.

Un fils, j'ai un fils!!!

LA SAGE-FEMME, soudain.

Ah! bon sang!

MONSIEUR.

Qu'y a-t-il?

LA SAGE-FEMME.

Hé ben, en voilà une affaire!... Ah! monsieur! Ah! monsieur! Il a des mains de canard!

LUI, qui retombe, attéré, sur son siège.

Palmé!...

L'EMPLOYÉ

QUI NE VEUT PAS ALLER A SON BUREAU

L'EMPLOYÉ

QUI NE VEUT PAS ALLER A SON BUREAU

A Raoul Gineste.

Le cabinet d'un chef de bureau au ministère de...

L'HUISSIER annonce.

Monsieur Badin.

LE CHEF DE BUREAU, très narquois.

Eh! entrez donc, monsieur Badin; je suis bien aise de vous voir, depuis tantôt une quinzaine que je n'avais eu ce plaisir. Tous ces temps-ci, monsieur Badin, vous négligeâtes un peu l'administration. (*Avec intérêt.*) Vous n'avez pas été malade, j'aime à croire?

MONSIEUR BADIN, humble.

Non, monsieur.

LE CHEF.

Les dieux en soient loués! Cela m'eût étonné, d'ailleurs. Cinq fois j'ai envoyé le médecin du ministère prendre, chez vous, de vos nouvelles, et cinq fois il lui a été répondu que vous étiez à la brasserie. Dites-moi : Monsieur votre père n'a pas succombé *de nouveau* à la rupture d'un anévrisme?

MONSIEUR BADIN, lamentable.

Non, monsieur.

LE CHEF.

Vous m'en voyez ravi. Mais peut-être, monsieur Badin, avez-vous tenu sur les fonts baptismaux, car voici au moins six semaines que votre sœur n'a accouché.

MONSIEUR BADIN.

Je vois bien que vous me raillez, monsieur.

LE CHEF.

Mais point du tout! mais en aucune façon! vous vous méprenez, monsieur Badin! Mon Dieu, qui vous a pu inspirer une idée à ce point extravagante ?

MONSIEUR BADIN.

Hélas si, monsieur, vous me raillez; vous êtes encore comme tous ces imbéciles qui croient devoir me taper doucement sur le ventre et m'appeler employé pour rire. Pour rire!... (*Il lève les yeux au ciel.*) Dieu vous garde jamais, monsieur, de vivre un quart d'heure de ma vie, de ma vie d'employé pour rire !!!

LE CHEF.

Vous m'étonnez, monsieur Badin.

MONSIEUR BADIN, après un silence.

Avez-vous jamais réfléchi, monsieur, au sort du pauvre fonctionnaire qui, systématiquement, opiniâtrement, ne veut pas aller au bureau, et que l'incessante terreur d'être enfin flanqué à la porte, hante, poursuit, torture, martyrise, d'un bout de la journée à l'autre? Non, n'est-ce pas? Hé bien, monsieur, c'est une chose épouvantable, et voilà ma vie cependant! (*Soupir prolongé.*) Ah! mon Dieu!... Tous les matins je me raisonne; je me dis : « Va au ministère, voilà plus de huit jours que tu n'y es allé! » Je m'habille, alors, et je pars; je cingle vers le ministère. Mais ouiche! j'entre à la brasserie, je prends un bock, deux bocks, trois bocks! je regarde marcher l'horloge, pensant : « Quand elle marquera l'heure, je me rendrai à mon bureau. » Et quand l'horloge a marqué l'heure, j'attends qu'elle marque le quart, et quand elle a marqué le quart, j'attends qu'elle marque la demie, et quand elle a marqué la demie, je me dis : « Ce n'est plus possible, il est trop tard! J'aurais l'air de me ficher du monde! » Quelle existence!... Quelle existence!

(Les yeux du chef s'arrondissent.)

MONSIEUR BADIN, d'une voix mouillée.

Moi qui avais un si bon estomac, un si

bon sommeil, une si belle gaieté, je ne prends plus plaisir à rien! tout ce que je mange me semble amer comme du fiel! Si je sors, je longe les murs comme un voleur, l'œil au guet, avec la crainte continuelle de rencontrer l'un de mes chefs! si je rentre, c'est avec l'effroyable pensée que je vais trouver chez le concierge mon arrêté de révocation! si je dors, je rêve que le ministre me fait jeter dehors à coups de pied!... Je vis sous la menace du renvoi comme un patient sous le couperet qu'il sait suspendu sur sa nuque. Le renvoi!!! Oh! mon Dieu, mon Dieu! (*Un frisson d'épouvante agite tout son corps.*) Car enfin je n'ai que cela pour vivre, les deux cents francs qu'on me donne ici; que deviendrai-je le jour, — inévitable, hélas! — où on ne me les donnera plus?

(Il fond en larmes. Les yeux du chef expriment une certaine inquiétude.)

MONSIEUR BADIN.

Je ne pense qu'à cela! oui, qu'à cela! Supposez, — hypothèse bien invraisemblable d'ailleurs, car voici que j'ai trente ans, monsieur : âge terrible où l'infortuné qui a laissé échapper son pain doit perdre tout espoir de le retrouver un jour ! — supposez, dis-je, que renvoyé de ces bureaux je trouve à me caser ailleurs : trouverais-je jamais, je vous le demande, une maison comparable à celle-ci, en indulgence, en mansuétude et en paternelle bonté ? un chef comme celui à qui j'offre aujourd'hui l'expression sincère et émue de mon affection à toute épreuve et de ma reconnaissance sans bornes ? Nous savons trop bien le contraire, vous et moi, et voilà bien ce qui me désole. Aussi ; j'ai une fièvre, ah !... Monsieur, j'ai maigri de vingt livres depuis *que je ne suis jamais* au ministère ! (*Il relève son pantalon.*) Regardez plutôt mes mollets, si on ne dirait pas des bougies. Et si vous pouviez voir mes reins ! des vrais reins de chat écorché ; c'est lamentable. Tenez, — nous sommes entre hommes, nous pouvons nous dire cela — ce matin, j'ai eu la curiosité de regarder mon derrière dans la glace. Hé bien, j'en suis encore malade, rien que d'y penser. Quel spectacle ! Un pauvre petit derrière de rien du tout, gros à peine comme les deux poings !... Je n'ai plus de fesses; elles ont fondu ! Le chagrin, naturellement ; les angoisses continuelles, les affres ! Avec ça, je tousse la nuit, j'ai des transpirations ; je me lève des cinq et six fois pour aller boire au pot-à-eau !... (*Hochant la tête.*) Ça finira mal, tout cela ; ça me jouera un mauvais tour...

LE CHEF, ému.

Hé bien, mais venez au bureau, monsieur Badin.

MONSIEUR BADIN.

Non, monsieur, je ne veux pas y venir. Que voulez-vous ; c'est plus fort que moi, je n'aime pas ça.

LE CHEF.

Si vos collègues en disaient autant....

MONSIEUR BADIN, justement indigné.

Ne me comparez pas à mes collègues,

monsieur; ils ne donnent à l'admistration que leur zèle, leur activité, leur intelligence et leur temps : moi, c'est ma vie que je lui sacrifie! (*Désespéré.*) Ah! tenez, monsieur, ce n'est plus tenable!

LE CHEF.

C'est assez mon avis.

MONSIEUR BADIN.

N'est-ce pas?

LE CHEF.

Absolument.

MONSIEUR BADIN, couvrant de baisers la main de son chef de bureau.

Ah! merci, monsieur, ah! merci.

LE CHEF.

Remettez-moi votre démission; je la transmettrai au ministre.

MONSIEUR BADIN, étonné.

Ma démission? Mais, monsieur, je ne songe pas à démissionner; je demande seulement une augmentation.

(Stupeur du chef de bureau.)

MONSIEUR BADIN, avec éclat.

Eh! monsieur, il faut être juste; je ne peux pas me tuer pour deux cents francs par mois.

LES BABOUCHES

LES BABOUCHES

A Georges Auriol.

SCÈNE PREMIÈRE.

La scène se passe chez Cassius.

CASSIUS.

Je ne sais pas à quoi ça tient, mais j'ai comme une idée que Chichinette est bête. Voilà huit jours, elle me dit :

— Cassius, je vous fais une proposition. Vous êtes amoureux de moi, et moi j'ai envie de voir la mer. Payez-moi le voyage au Havre et, pour le reste, nous nous arrangerons toujours.

J'acceptai cette proposition avec d'autant plus d'empressement que je possédais en tout et pour tout la somme de huit francs quarante-cinq centimes. Je conviai donc Chichinette à se trouver le soir à la gare Saint-Lazare sur le coup de neuf heures et demie. Elle fut exacte au rendez-vous ; nous prîmes place dans le train de Ceinture et jusqu'à une heure du matin nous tournâmes autour de Paris. Quand nous avions fini nous recommencions, et nous changions de train à Courcelles.

Chichinette, à Grenelle, me dit :

— Cassius, vous êtes un bon garçon.

Elle me dit, à la Maison-Blanche :

— Je vous revaudrai ça, Cassius.

A la Râpée, elle déclara :

— En voilà un drôle de chemin de fer, il s'arrête toutes les cinq minutes.

Je répondis froidement :

— Comme tous les express.

Elle ajouta :

— Est-ce que nous avons passé Rouen?

— A l'instant même, répondis-je ; on voit encore la cathédrale.

Et, à la clarté de la lune, je lui montrai la tour Eiffel

Dont, anguleuse et sèche,
On distinguait au loin
La flèche,
Comme un I sous un point.

Pour en finir, nous couchâmes au Bel-Air, où je louai, moyennant trente-cinq sous, une chambre très confortable. Je fus heureux. Le lendemain matin, je confessai à Chichinette ma petite supercherie ; elle me reprocha de m'être moqué d'elle, mais je protestai avec un tel accent de sincérité qu'elle se déclara convaincue et me fit même des excuses ! Oui, je ne sais à quoi cela tient, mais j'ai comme une idée qu'elle est un peu bêbête.

N'importe ; ce procédé manque de correction et il importe que je le rachète. C'est aujourd'hui la fête de cette chère enfant : je m'en vais, à cette occasion, lui offrir une paire de chaussures.

Il faut vous dire qu'entre autres choses admirables, Chichinette possède deux petits pieds qui sont les plus jolis du monde. Des pieds de bébé ! c'est à les prendre dans la bouche et à les croquer comme des bonbons. Or, devinez dans quoi elle les chausse ses pieds? Je vous le donne en cent!... Dans des espadrilles!!! Elle dit que c'est bien assez bon pour traîner dans l'appartement. S'il est possible de dire des monstruosités pareilles! Les pieds de Chichinette dans des espadrilles! C'est comme si on mettait des truffes dans une casquette, du vin du Rhin dans un carton à chapeau ou le portrait de la femme aimée dans une table de nuit! Aussi lui ai-je acheté, rue du Quatre-Septembre, les jolies babouches que voici :

(Il montre les babouches qui sont vraiment charmantes, à fond rouge surchargé d'épaisses broderies dorées.)

Six quatre-vingt-dix! Ce n'est pas cher.

(Il enveloppe les babouches.)

Je m'en vais les lui envoyer par le pipelet, avec un petit mot affectueux. Ce sera très homme du monde.

(Il se penche par-dessus la rampe et hèle à pleine voix le concierge) :

— Hé Prosper!

SCÈNE II.

Changement à vue. La scène se passe chez Chichinette.

CHICHINETTE, qui revient du Bois enlève son chapeau devant la glace.)

On n'a rien apporté pour moi, Virginie?

VIRGINIE.

Si, Madame, M. Cassius a envoyé un petit paquet.

CHICHINETTE.

Ah! chouette! Où qu'il est?

VIRGINIE.

Voici, Madame.

(Chichinette, très impatiente, commence à défaire le ballot. Un nœud se forme.)

CHICHINETTE.

Paquet de paquet! Passe-moi les ciseaux, Virginie.

(Virginie passe les ciseaux. Chichinette coupe, taille, déchire. Apparition des babouches.)

CHICHINETTE, ravie.

Ah! des porte-allumettes!

VIRGINIE.

Mais Madame...

CHICHINETTE, au comble de la joie.

Bath! bath! des porte-allumettes! A-t-il des idées, ce Cassius! Non, mais regarde donc qu'ils sont rigolos; on dirait des souliers de Turcs.

LE
PREMIER JOUR DE BONHEUR

LE
PREMIER JOUR DE BONHEUR

Le théâtre représente un appartement de garçon.

CHAMOUILLÉ, consultant la pendule.

Trois heures vingt. Il est surprenant qu'elle ne soit pas arrivée. Elle m'avait cependant affirmé qu'elle serait ici à une heure. Se serait-elle moquée de moi en me promettant ce premier rendez-vous? Mon amour-propre repousserait énergiquement cette hypothèse si mon scepticisme naturel ne me faisait un devoir de l'admettre. C'est égal, les instants qui précèdent la venue de la femme aimée sont bien les plus insupportables !...

On sonne.

Je la calomniais ; la voici.

(Il jette précipitamment son cigare, rétablit d'un tour de main la belle harmonie de sa coiffure et se hâte d'aller ouvrir. Paraît un monsieur très bien mis.)

LE MONSIEUR BIEN MIS.

M. Guitare, s'il vous plaît ?

CHAMOUILLÉ, vexé.

Eh ! ce n'est pas ici ! Demandez au concierge.

Il referme la porte avec violence.

Idiot, va ! (*Haussement d'épaules*). En voilà une, qui ne rate jamais !... Avec tout ça, qu'est-ce que j'ai fait de mon cigare ?

(Vaines recherches. Geste d'agacement. Il va à la caisse de cigares ouverte sur un coin de la cheminée, en puise un, le brise, le flaire et le décapite du bout des dents.)

L'erreur de cet imbécile me coûte un *londrès* de sept sous. (*Il s'allume*). Puisqu'elle tarde, je vais vous conter de quelle façon j'ai fait la connaissance de cette femme charmante. C'était la semaine dernière. J'avais eu cette singulière curiosité d'entrer à l'École des beaux-arts, voir les concours de peinture du prix de Rome. On ne sait vraiment, quelquefois, où vous mènerait le désœuvrement. J'étais là depuis un quart d'heure, bâillant comme une huître au soleil devant je ne sais plus quelle lourde machine pataudière et indigeste, quand tout à coup, derrière moi, une voix très douce prononça :

— Je vous demande pardon, monsieur, de qui est ce tableau, je vous prie?

Je tournai aussitôt la tête.

La personne qui m'avait parlé était une exquise jeune femme.

Non, je vous assure sérieusement que c'était une jeune femme exquise. Elle avait ce charme troublant qu'ont les blondes très blondes en deuil, et je la reconnus pour Parisienne de racè, rien qu'à l'odeur de sa voilette. Vous dire qu'elle était jolie, mon Dieu, peut-être bien tout de même qu'elle ne l'était pas tout à fait, mais bien plus que cela, à coup sûr, avec ses yeux couleur beau temps, trop petits, et sa bouche assez comparable à une fleur un peu trop grande, à une fleur qui eût souri.

Avez-vous vu sourire des fleurs?

Non?

Eh bien, c'est absolument cela.

Elle reprit :

— Le nom de l'artiste, s'il vous plait ? Ces tableaux ne sont pas signés, c'est ennuyeux.

Je m'empressai de la renseigner et je m'attendais de sa part à un remerciement banal, mais elle fit simplement : « Ah ! » et elle demeura, la tête un peu levée, avec une toute petite ligne de lumière le long du nez et du menton.

Puis, au bout d'un instant :

— Il est bien, ce tableau.

Je ne voulus point la contrarier.

— Meilleur, dis-je, que tous les autres.

Elle me regarda :

— Vous êtes artiste, monsieur?

Cette persistance à lier connaissance avec moi commença à me faire réfléchir.

Tout homme, on le sait, porte en soi-même un paon prêt à faire la roue, et tout de suite l'idée d'une conquête m'arriva.

— Ça, pensais-je, c'est un coup de veine; une bonne fortune qui se présente. Tâchons de nous montrer adroit et de saisir l'occasion aux cheveux.

Je répondis...

On sonne.

Je vous demande pardon, mais je vous raconterai la suite une autre fois.

(Même jeu que précédemment. Le cigare jeté, petites coquetteries devant la glace, etc., etc. La porte ouverte, un monsieur très mal mis paraît.)

LE MONSIEUR MAL MIS.

Monsieur, je suis courtier en photographies; je viens vous proposer votre portrait. De grandes facilités de paiement...

CHAMOUILLÉ, furieux.

Vous m'embêtez.

LE MONSIEUR MAL MIS.

Monsieur, écoutez-moi. Les plus hautes notabilités de Paris honorent de leur

clientèle la maison que je représente :
M. de Lesseps, M. Alexandre Dumas,
M. Bernardin de Saint-Pierre...

CHAMOUILLÉ.

Voulez-vous me ficher le camp, espèce de mendiant, fainéant, joueur d'orgue! (*Il repousse la porte.*) Si ce n'est pas odieux de songer que dans une ville comme Paris on ne puisse être à l'abri de telles invasions! (*Un temps. Machinalement il cherche son cigare.*) Qu'est-ce que j'ai fait de mon cigare? (*Nouvelles recherches. Il se décide à en allumer un troisième.*) Je ne me rappelle plus ce que je disais... Ah oui.

Je répondis à la jeune femme que je n'étais point artiste, mais que je me ferais un plaisir de mettre mes faibles lumières au service de son inexpérience.

— Vraiment? dit-elle alors gaîment, vous auriez cette complaisance? Hé bien, tant pis pour vous, j'accepte! Figurez-vous que j'adore la peinture et que je n'y connais rien du tout; c'est ridicule.

D'elle-même, elle m'avait pris le bras;

et nous allions d'une toile à l'autre, causant et riant en camarades. Elle n'y connaissait rien du tout, c'était vrai, et causait peinture à peu près comme un sommier élastique, mais elle était mauvaise comme une petite gale, ce dont elle se rendait un compte si exact qu'elle s'écria un moment :

— Je ne vaux pas bien cher, n'est-ce pas ?

Moi je pensais :

— Elle est adorable, cette petite femme-là ! Quelle bonne idée j'ai eue de venir aux Beaux-Arts !

J'en étais en moins de dix minutes devenu amoureux comme une bête.

Quand nous sortîmes, elle eut un petit cri de surprise :

— Oh ! ce temps !

Il faisait une pluie !... J'étais sans riflard ; je me sentis gagné aux âpres réflexions du monsieur que la fatalité va contraindre de rentrer chez soi avec de l'eau plein ses poches. Sans doute, elle me devina, car :

— Écoutez, dit-elle. Votre triste position m'émeut. Si vous me promettez de ne pas en abuser, je vous offrirai l'abri de mon parapluie !...

— Moi, madame ! répondis-je avec un remarquable à-propos, abuser de votre parapluie !...

C'était assez spirituel, comme vous pouvez voir. Oh ! je ne dis pas que ce fut à se rouler, naturellement !... mais enfin c'était gentillet, c'était drôlet, quoi ! une de ces saillies primesautières qui éveillent un demi-sourire et qui posent tout de suite un monsieur. J'ai assez d'à-propos, quand je veux...

On sonne.

Ah ! (*Il se précipite. S'arrêtant court.*) Je vous disais, il y a un instant, à quel point elle était charmante : vous allez en juger vous-mêmes.

(Il va ouvrir. Paraît un étrange monsieur vêtu d'une longue blouse bleu et qui porte une boîte en sautoir. Sur son shako de cuir bouilli sont représentés, se faisant face, un matou et un caniche blanc gravement assis sur leurs derrières.).

L'ÉTRANGE MONSIEUR.

C'est ici qu'il y a un chat à raccourcir?

CHAMOUILLÉ.

Parfaitement ; c'est ici. Allez vous faire f... (*Il lui jette la porte au nez.*) Brute ! Sauvage !... Et vous croyez que des gens pareils, ce n'est pas à les jeter par la fenêtre !...

(Il souffle, va au buffet, se verse un verre d'eau qu'il avale. Haussement silencieux d'épaules. Peu à peu il se calme.)

Où en était-je donc? Je n'en finirai jamais avec mon histoire.

Bref, elle prit mon bras et nous continuâmes notre route de pair. Elle habite faubourg Saint-Martin. Une heure durant je sentis sur mon bras la tiédeur de sa petite main, et les gouttes de son parapluie, de son adorable parapluie, me tomber une à une dans le dos. Ah! je ne m'en ennuyai pas, je vous prie de le croire. Parvenus à son domicile, je sollicitai l'honneur de l'accompagner jusqu'à son sanctuaire, mais elle s'y refusa systématiquement.

Je demandai :

— Pourquoi ?

Elle dit :

— Vous êtes bon ! je ne suis pas libre, mon cher.

— Allons donc !

— Sérieusement ! fit-elle. Je suis la... l'amie du jeune peintre dont je vous ai demandé le nom tout à l'heure. Un peu, comme cela, tous les jours, je viens flâner aux Beaux-Arts ; j'écoute parler quand on cause, et quand on ne cause pas, j'interroge. Cela m'intéresse, vous pensez !

Vous direz ce que vous voudrez : ces choses-là sont toujours fâcheuses, d'autant plus qu'elles sont imprévues. Mais comme j'insistais :

— N'usez point votre salive, conclut-elle avec un sourire. J'irai vous voir moi-même, jeudi. Je serai chez vous à une heure.

— Vous me le promettez ?

— Je vous le promets.

Et là-dessus nous nous séparâmes. Or, jeudi, c'est aujourd'hui ; une heure (*il re-*

garde la pendule), il en est bientôt quatre... Diable ! je commence à désespérer. (*Un temps.*)

Mais j'entends un de ces pas auxquels ne se trompe point une oreille vraiment amoureuse. On va sonner. (*On sonne.*) Là ! qu'est-ce que je vous disais? Cette fois, mon cœur me le dit, c'est elle.

Il va ouvrir. (*Paraît le charbonnier.*)

LE CHARBONNIER.

Monchieur, j'apporte le boicheau.

CHAMOUILLÉ, ahuri.

Le bois chaud! quel bois chaud.

LE CHARBONNIER.

Le boicheau de charbon que votre cuiginière m'a dit de vous monter. Voichi également une dougeaine de bûches que je viens de schier à votre intenchion.

CHAMOUILLÉ, au comble de la rage.

Ah! vous venez de schier... Hé bien, retournez-y !

LES AMPUTÉS

LES AMPUTÉS

(PANTOMIME MÊLÉE DE QUELQUES RÉPLIQUES)

Aux frères Mousis.

L'intérieur d'un omnibus.

Au fond, à droite : 1º Une dame. Trente ans à peu près, très jolie et brune, beaucoup de chic. Un soupçon de moustache sur la lèvre. Toilette à losanges blancs et noirs, fleurant d'une lieue l'honnête femme. Comme chapeau, une humble feuille de lilas !... 2º Près d'elle, un grand, maigre, jeune monsieur, à la moustache couleur de paille. Chapeau de soie, veston ardoisé, pantalon écossais éteint, gardant sur le tibia l'arête vive du neuf.

A gauche, toujours au fond : 1º Un monsieur d'air très respectable. Cinquante à cinquante-cinq ans; grande barbe, grand nez, grand

chapeau. Il porte le ruban d'officier d'Académie. 2° A son côté une place vide.
Seigneurs et dames sans importance occupant le reste de la voiture.
On roule.

LA DAME, à part.

Mon Dieu! que c'est agaçant.

Depuis quelque temps, elle donne des signes visibles d'inquiétude, et, par moments, elle jette des coups d'œil de biais sur l'homme à la pâle moustache, lequel est amputé. Mon Dieu oui, il n'a plus qu'un bras, ce pauvre jeune homme... l'autre ayant complètement disparu dans le dos de la brune voisine. Derrière l'épaule de celle-ci on distingue l'épaule de celui-là, et, — chose étrange! — elle semble, cette épaule, agitée de soubressauts nerveux. Elle va, vient, plonge, remonte, disparaît, reparaît puis disparaît encore.

Les cahots de la lourde voiture dansant sur le pavé des rues doivent y être pour quelque chose.

Lui, d'ailleurs, demeure calme et froid, avec l'œil rond et hébété de l'homme qui ne pense à rien. Par contre, l'œil du vieux respectable se fixe sur lui avec persistance. Sous les épais sourcils froncés de cet homme décoré à demi, on devine l'effort contenu d'une robuste indignation.

LA DAME, qui a successivement et en vain pincé les lèvres, rué du coude, geint bruyamment, tapé du pied, évolué de gauche à droite, puis de droite à gauche :

Il est odieux qu'une honnête femme ne puisse se rendre à ses occupations sans se faire manquer de respect!

Effet.

Les seigneurs et dames sans importance sont vivement intéressés. On entend : « Ah! Oh! Très curieux! Qui est-ce? Qu'est-ce qu'il a fait? »

En l'œil du vieux vénérable un feu sombre s'allume soudain.

Seul, le maigre monsieur à la moustache pâle paraît n'avoir pas entendu ; il conserve son air idiot et détaché des choses de ce monde. Tout de même, adroitement, il dégage son épaule et rentre en possession du bras qui lui manquait.

Soupir soulagé de la dame brune.

L'œil du vieux monsieur se sérénise. L'émotion se calme. La lourde voiture danse toujours sur le pavé des faubourgs et des rues.

Peu à peu le visage de la dame exprime un regain d'inquiétude ; de nouveau elle envoie de furtifs coups d'œil sur le bras du maigre monsieur, lequel bras tend à redisparaître, se redérobe lentement à la lumière du jour. Soudain, plus rien!... Ah! miséricorde! le pauvre homme a reperdu son bras!!!

Même jeu que ci-dessus. Piétinements légers, claquements de lèvres, etc.

LA DAME, qui a usé son dernier écheveau de patience.

Mais enfin, monsieur, laissez-moi! ou je vais me plaindre au conducteur!

Sensation prolongée. Embarras visible de l'amputé, qui cesse immédiatement de l'être.

L'OFFICIER D'ACADÉMIE, d'une voix éclatante.

Il y a des goujats partout!!!

Murmure d'approbation marquée chez les seigneurs et dames sans importance.

L'OFFICIER D'ACADÉMIE, très homme du monde.

Veuillez vous mettre à côté de moi, madame; il y a une place vide. (*Tragique.*) Il est tels drôles, en vérité, qui mériteraient d'être châtiés en public!

Il regarde fixement le « drôle » auquel s'adresse ce discours, — discours que le drôle en question semble, d'ailleurs, ne pas prendre pour lui. Chuchottements des seigneurs et dames sans importance; on distingue : « ... Très bien, ce vieux monsieur... Y a-t-il des gens mal élevés!... L'officier d'Académie s'est conduit en vrai galant homme!!... etc., etc. »

Cependant, la dame outragée, balbutiant un remerciement, s'est levée et s'est venu asseoir au côté de son protecteur.

Les commentaires s'apaisent peu à peu, puis s'éteignent. L'incident paraît vidé. Sur le pavé des faubourgs et des rues, la voiture danse de plus en plus.

Soudain, une angoisse se dessine sur le visage de la dame brune. Elle lance, de côté, un coup d'œil sur l'officier d'Académie dont le regard a pris depuis quelques instants une expression idiotisée et vague. Oui, les seigneurs et dames sans importance avaient mille et mille fois raison, et il est très bien, ce vieux monsieur, il est extraordinairement bien!... Malheureusement, il n'a plus qu'un bras, à son tour! L'amputation se gagne, il faut croire!...

LA DAME, à part, désespérée.

J'aurais pu rester où j'étais! Voilà que ça recommence avec ce vieux dégoûtant!

LES GRANDES DOULEURS

LES GRANDES DOULEURS

(On sonne).

CAROLINE, qui est allée ouvrir.

Comment c'est toi!

GABRIELLE, tout en larmes.

Ah! ma chérie! Ah! ma chérie!...

CAROLINE.

Mon Dieu, qu'y a-t-il?

GABRIELLE.

Il y a... Attends que je m'asseye, je n'en peux plus. Il y a... Donne-moi un verre d'eau. (*Caroline s'empresse.*) Merci. Il y a... Tiens, tâte mes mains! J'ai une fièvre!

CAROLINE.

C'est pourtant vrai. Pauvre petite!.. Mais pour Dieu, que se passe-t-il? Tu me fais une peur!

GABRIELLE.

Il se passe que mon mari me trompe.

CAROLINE.

Pas possible!

GABRIELLE, qui sanglote.

Après neuf ans de ménage, en pleine lune de miel! Tu crois que ce n'est pas abominable?

CAROLINE, atterrée.

Hé ben, nous voilà bien loties, toutes les deux!

GABRIELLE, avec espoir.

Est-ce que toi aussi?...

CAROLINE.

Non, moi ce n'est pas cela, mais imagine-toi que j'ai tous les ennuis : maman est à l'agonie et je suis sans bonne.

GABRIELLE, dont les yeux se sèchent
immédiatement.

Qu'est-ce que tu me dis là ! Tu as renvoyé Euphrasie ?

CAROLINE.

Ne m'en parle pas, j'en suis malade. D'autant plus que c'était une perle, cette fille, elle avait toutes les perfections. Mais voleuse !...

GABRIELLE.

Bah ! quand ce n'est pas ça c'est autre chose. Ainsi moi... — Tu te rappelles Adèle, ma femme de chambre, une grande bringue qui avait une tête de brochet ?

CAROLINE.

Oui, très bien.

GABRIELLE.

Est-ce qu'un jour je ne l'ai pas pincée en train de se laver le derrière avec mon éponge pour les bras !

CAROLINE.

Ah ! la sale bête ! Je l'aurais tuée !

####### GABRIELLE.

On n'a pas le droit, que veux-tu. Qu'est-ce que je disais donc? Ah! oui! (*Éclatant en sanglots.*) Alors voilà, ma chère, il me trompe.

####### CAROLINE.

Tu es sûre?

####### GABRIELLE.

Si je suis sûre!

(L'averse redouble.)

####### CAROLINE.

Mon pauvre chat!

####### GABRIELLE.

Ah oui, va, tu peux me plaindre; je suis assez malheureuse!

####### CAROLINE.

Conte-moi ça en détail.

####### GABRIELLE.

Oh! ce n'est pas bien compliqué (*Elle se mouche, se tamponne les yeux, etc.*), tu sais que Fernand va à la Bourse tous les jours;

moi je reste seule et je m'ennuie. Alors qu'est-ce que je fais?

CAROLINE.

Tu retournes ses poches, je connais ça.

GABRIELLE.

Parfaitement, et je fouille dans son secrétaire.

CAROLINE.

Tu as la clef?

GABRIELLE.

Non, j'en ai fait faire une.

CAROLINE.

Ce que tu as bien fait!

GABRIELLE.

Oh! ce n'est pas par curiosité, au moins!

CAROLINE.

Bien sûr non, ce n'est pas par curiosité; mais mieux vaut avoir deux clefs qu'une : en cas qu'on perde la première...

GABRIELLE.

On a la seconde. Je l'ai appris à mes

dépens. — Je t'ai conté que, l'autre jour, j'avais égaré la clef de chez nous?

CAROLINE.

Non! Quand cela donc?

GABRIELLE.

La semaine dernière. Comment je ne te l'ai pas dit? Ah! ma chère; ça a été toute une histoire! (*Se tordant de rire.*) Je suis restée une heure et demie sur le palier, à attendre le retour de Fernand! (*Revenant à ses moutons.*) Ah! oui, au fait, Fernand. Ah le gredin! Ah le monstre! Où en étais-je?

CAROLINE.

Aux poches retournées.

GABRIELLE.

C'est juste. Eh bien! j'y ai trouvé une lettre dans sa poche.

CAROLINE.

Une lettre oubliée? Que les hommes sont bêtes! Ce n'est pas à nous que ces oublis-là arriveraient.

GABRIELLE.

Non.

CAROLINE.

De qui la lettre ?

GABRIELLE.

De Rose Mouson.

CAROLINE.

Cette fille de l'Eldorado ?

GABRIELLE.

Oui, celle qui chante :
(Elle fredonne.)
J'ai z'une petite maison
A Barbe, à Barbe,
J'ai z'une petite maison
A Barbizon.

CAROLINE.

Ce n'est pas l'air.

GABRIELLE.

Tu crois ?

CAROLINE.

Oh non ! Tiens, c'est comme ça.
(Elle va au piano, l'ouvre et prélude. Gabrielle qui s'est levée se tient debout derrière elle.)

CAROLINE, chantant.

J'ai z'une petite maison
A Barbe, à Barbe,
J'ai z'une petite maison
A Barbizon.

GABRIELLE, qui a battu la mesure.

Tu as raison; je confondais avec *l'Almée des Batignolles*. Recommence un petit peu, pour voir.

(Caroline reprend le motif).

GABRIELLE, d'une voix éclatante.

J'ai z'une petite maison,... etc.

CAROLINE.

Tu y es !

GABRIELLE, faussement modeste.

Ça ne doit pas être bien malin d'avoir du succès au café-concert.

CAROLINE, fermant le piano.

Parbleu. — Et alors, pour m'en finir avec ton histoire !

GABRIELLE, qui n'y est plus.

Quelle histoire ?

CAROLINE.

L'histoire de la lettre.

GABRIELLE, qui y est de moins en moins.

Quelle lettre ?

CAROLINE.

La lettre de Rose Mouson.

GABRIELLE, cherchant.

La lettre de Rose Mouson?... Ah oui! — Une lettre ignoble, ma chère; pleine de saletés et d'horreurs! une véritable dégoûtation !

CAROLINE.

Tu l'as sur toi, mon cœur ?

GABRIELLE.

Non.

CAROLINE.

Tant pis.

GABRIELLE, qui retombe affalée, en arrière.

Ah! les lâches! Ah! les misérables! les infâmes! Voilà pourtant à qui nous sacrifions tout : notre jeunesse, nos illusions, nos pudeurs! (*Elle sanglote.*) Jamais, entends-tu bien, jamais je ne pardonnerai ça à Fernand! Mon Dieu, que je souffre! Mon Dieu, que je souffre! Pour sûr, je vais avoir une attaque de nerfs.

CAROLINE.

Calme-toi, voyons, calme-toi.
(Gabrielle pleure à chaudes larmes, petits cris, gros soupirs.)

Prête-moi un mouchoir.
(Elle se tamponne les paupières.)
(Un temps.)

GABRIELLE, plus calme, humant l'air.

Tiens, qu'est-ce que ça sent donc chez toi?

CAROLINE.

C'est mon dîner, je fais un chou farci.

GABRIELLE, très intéressée.

Oui? (*Elle saute sur ses pieds.*) Fais voir!
(Ces dames passent à la cuisine. Bruit de casseroles. On entend Caroline fournir des explications.)

LA VOIX IRONIQUE DE GABRIELLE.

Est-ce que tu es folle, ma reine? Il faut mettre un cordon de petites saucisses.

UN COUP DE FUSIL

UN COUP DE FUSIL

Petite salle à manger bourgeoise, assez modeste. Au-dessus du couvert dressé et du potage déjà servi dans les assiettes, la lampe brûle dans une suspension de dix-huit francs. Véronique, très agacée, va, vient, se lève, se rassied, se relève, va de la porte à la fenêtre et de la fenêtre à la pendule.
Soudain la porte s'ouvre. Paraît Stanislas.

VÉRONIQUE.

Te voilà, enfin! (*Montrant la pendule.*) Sept heures vingt! — Tu n'est pas honteux, Stanislas, de rentrer dîner à de telles heures? Tu t'es encore attardé à ta saleté de brasserie, à jouer ta saleté de manille, avec tes saletés d'amis, tas de bohémiens répugnants, qui se gobergent à ton compte et se fichent de toi le dos tourné.

STANISLAS, pâle et défait.

Tais-toi ! ah tais-toi, je t'en prie...; ne dis pas cela, Véronique !
(Il se laisse tomber sur un siège.)

VÉRONIQUE, étonnée et vaguement inquiète.

Ah çà ! mais... (*S'approchant de lui*). Tu n'es pas malade, Stanislas ?

STANISLAS, d'une voix faible.

Donne-moi un verre d'eau.
(Veronique, effrayée, apporte la carafe).

STANISLAS, après avoir bu.

Merci. (*Serrant la main de sa femme avec une effusion émue.*) Ma pauvre chère !... ma pauvre chère !... Ah j'ai bien cru que je ne te reverrais jamais, va !

VÉRONIQUE, aux cent coups.

Tu me fais mourir d'inquiétude ! Il t'est arrivé quelque chose ? Tu as couru quelque danger ?

STANISLAS, d'une voix à peine perceptible.

J'ai reçu un coup de fusil.

VÉRONIQUE.

Un coup de!... Ah Seigneur! Stanislas, dis-moi tout! je veux savoir la vérité. Oh! je suis forte devant le malheur. (*Le tâtant sur toutes les coutures.*) Tu es blessé?

STANISLAS.

Non... Je ne crois pas. Seulement, tu sais ce que c'est..., la surprise..., les nerfs..., j'en suis encore malade d'émotion. — Redonne-moi un verre d'eau, veux tu?

(Véronique s'empresse. Il boit. Sur le cristal ses dents font un bruit de castagnettes.)

VÉRONIQUE.

Et où cela t'est-il arrivé, mon chéri?

STANISLAS, qui s'interrompt de boire.

Dans le tramway.

(Il achève son verre.)

VÉRONIQUE, stupéfaite.

Comment, dans le tramway! Tu as

reçu un coup de fusil dans le tramway ?

STANISLAS.

Oui.

VÉRONIQUE.

Mais c'est insensé ! Mais c'est à peine croyable !

STANISLAS.

Croyable ou non, il en est ainsi, cependant.

VÉRONIQUE.

Et qui est l'infâme ?...

STANISLAS.

Le chasseur, parbleu ! (*Il se dresse, pris d'une rage subite.*) Le chasseur ! l'éternel chasseur !! l'indispensable chasseur, plaie de cette fin de siècle pourri !!! Qui nous dépoisonnera du chasseur, grand Dieu ! (*Il lève les mains au ciel.*) Et puis d'abord, je te le demande, de quel droit ces gens-là errent-ils par les rues avec des armes à longue portée, alors qu'on m'arrêterait, moi, si je me hasardais à mettre le pied dehors avec un méchant revolver de six

francs dans la poche de ma redingote?
C'est une honte, je te dis, c'est une véritable honte! Tiens, donne-moi un troisième verre d'eau; car le sang me monte à la tête. Je finirais par attraper une congestion.

VÉRONIQUE, après qu'il a bu.

Voyons, calme-toi, je t'en supplie, et conte-moi la chose en détail.

STANISLAS.

Eh bien, voilà. M'étant attardé, en effet, à perdre un certain nombre de consommations et avide d'éviter tes éternels reproches, j'avais pris place sur la plateforme du tramway Bastille-Porte-Rapp. A la hauteur de Saint-Germain-des-Prés, des « psst! psst! » désespérés attirèrent mon attention, mais non point celle du conducteur, lequel discutait courses, tuyaux et performances avec un garçon pâtissier que surplombait un croque-enbouche. Je me retournai aussitôt et vis un gros bougre essoufflé qui, les mains tendues en avant, galoppait derrière la voiture avec l'espoir de l'attraper. Il avait des guêtres de cuir et une veste à boutons de métal; la crosse du fusil à deux coups qu'il portait en bandoulière battait la mesure sur ses fesses culottées d'un velours à raies. Et je songeais : « Y a-t-il des gens qui sont bêtes ! Voilà pourtant un gros fourneau qui pense attraper des chevaux à la course ! Ah l'imbécilité humaine est un bien curieux spectacle !... »

VÉRONIQUE.

Tu aurais peut-être mieux fait de prévenir le conducteur; ç'aurait été plus charitable.

STANISLAS.

Tiens, est-ce que ça me regardait, moi ! — A ce moment, d'ailleurs, et j'en demeurai ébahi; l'homme parvint d'un suprême effort à sauter sur le marchepied. La force acquise le projetant en avant, il pénétra ainsi qu'une flèche à l'intérieur du tramway, tandis que moi-même, précipitamment, je me rejetai en arrière, non sans avoir eu le nez heurté du bout brinqueballé de son arme!

VÉRONIQUE, anxieuse.

Et après ?

STANISLAS.

Quoi, et après ?

VÉRONIQUE, ahurie.

C'est tout ?

STANISLAS.

Naturellement. (*Vexé.*) Alors non? tu ne comprends pas qu'elle eût pu être chargée, cette arme? que, chargée, elle eût pu partir? que, partant, elle eût pu me ravager la face, me priver de l'usage si précieux de mes yeux ?... (*Ironique.*) Ah! que voilà donc bien les femmes! Sans doute il eût fallu, sale bête, pour que tu daignasses t'émouvoir, que l'on me rapportât infirme, estropié à tout jamais, sur un brancard municipal!

VÉRONIQUE, hors de soi.

Non, jamais, depuis que le monde est

monde, on n'eut exemple d'une stupidité plus grande, d'une plus écœurante poltronnerie ! Ainsi, voilà un idiot qui rentre chez lui dans l'état que vous savez, avale deux litres d'eau, me tourne les sangs, m'affole, et tout ça parce qu'un chasseur lui a, du canon de son fusil, effleuré le nez au passage!!

STANISLAS.

Du canon... Au fait, mais c'est vrai ! (*Il se trouble, pâlit, roule des yeux hagards.*) Ce n'est pas un coup de fusil que j'ai reçu... (*Avec éclat.*) C'est un coup de canon!!! Ah! mon Dieu! mon Dieu! Eh bien, je l'ai échappée belle! J'ai reçu un coup de canon dans le tramway de la Porte-Rapp!! Ah! Ah! Ah! De l'eau!... Je m'évanouis!... De l'eau, donc! de l'eau!

(Au songer du péril couru, Stanislas tombe en défaillance.)

UN CLIENT SÉRIEUX

UN CLIENT SÉRIEUX

A Olivier Gachet.

Au poste, dix heures du soir. Entrent : d'abord Lagoupille, amené par deux gardiens de la paix, puis le limonadier Alfred.

LAGOUPILLE, qui se débat.

Ne me brutalisez donc pas, s'il vous plaît. La loi vous interdit de me brutaliser. Je me plaindrai au père du cousin de la tante du beau-frère de ma belle-sœur qui est chef de bureau... — Est-ce chef ou garçon ? Je ne me rappelle plus très bien... — au ministère de la Justice.

LES AGENTS.

Entrez de bonne volonté, alors.

LAGOUPILLE, fort de ses relations.

J'entrerai si je veux. (*Les agents, qui l'avaient lâché, le réempoignent.*) Ne me frappez pas, nom d'un tonneau!... Quant à vous, monsieur Alfred, vous vous conduisez comme un cochon, et cela, il n'y a pas d'erreur, c'est un honnête homme qui vous le dit.

LE BRIGADIER DE SERVICE.

Voyons, qu'est-ce qu'il y a?

LAGOUPILLE.

Il y a que M. Alfred se conduit comme un cochon!

LE BRIGADIER.

Vous, vous allez commencer par vous taire, ou je vous fais flanquer au violon. Vous répondrez quand on vous questionnera.

LAGOUPILLE.

Je me tais. Contre la force il n'y a pas de résistance. C'est égal..., un client comme moi, un vieil habitué..., au poste! elle est un peu raide, celle-là.

LE BRIGADIER, à M. Alfred.

De quoi vous plaignez-vous, monsieur ?

M. ALFRED.

Monsieur, je suis limonadier rue de la Chaudronnerie, où je tiens un petit café à l'enseigne du *Pied qui parle*, maison bien notée, j'ose le dire; rien que des habitués, de braves gens du quartier qui viennent faire le soir leur petite partie en prenant leur demi-tasse.

LAGOUPILLE.

Vous devriez être honteux, monsieur Alfred, de parler de vos habitués après que vous vous êtes conduit comme un cochon avec le plus ancien d'entre eux ! Que dis-je, comme un cochon ! comme deux cochons, plutôt!! comme trois cochons !!! comme quatre cochons !!!! comme cinq cochons !!!!! comme...

LE BRIGADIER.

Ça va durer longtemps, ce défilé de cochons ? Je vous dis de nous ficher la paix! (*Lagoupille se tait.*) Continuez, monsieur Alfred.

M. ALFRED.

M. Lagoupille, en effet, est un de mes plus anciens clients, mais Dieu sait depuis combien de temps je l'eusse flanqué à la porte, sans la crainte de faire de l'esclandre. Figurez-vous que cette espèce de sans-le-sou, qui n'a jamais pris plus d'une consommation, est d'une exigence révoltante. Il arrive, et, tout de suite, voilà la comédie habituelle qui commence : « Garçon, mon café! » On le sert. « Garçon, les journaux! » On les lui apporte. — Tous, notez bien ; il les lui faut tous à ce monsieur. — « Garçon, les cartes! »

LE BRIGADIER.

Les cartes! Pourquoi faire?

M. ALFRED.

Pour se tirer des réussites. On lui donne les cartes. « Garçon, le jacquet! »

LE BRIGADIER, stupéfait.

Pour jouer tout seul?

M. ALFRED.

Non, pour s'asseoir dessus. Il trouve que mes banquettes ne sont pas assez hautes.

LAGOUPILLE.

A beaucoup près.

M. ALFRED.

Naturellement, privés de jacquet, privés de journaux, privés des cartes, mes habitués les uns après les autres avaient déserté le *Pied qui parle*. Quelques-uns s'étaient bien rejetés, faute de mieux, sur le domino à quatre, malheureusement le râclement de l'os sur le marbre exaspère M. Lagoupille, en sorte que ces pauvres gens, ahuris des rappels à l'ordre et des réclamations continuelles de ce personnage qui rossait sa table à coups de canne en hurlant : « Un peu de silence donc! Ça ne va pas finir, cette vie-là? On se croirait dans une forge, ici ! » s'étaient vus rapidement contraints de renoncer à cette suprême distraction. Je les perdis à leur tour.

LE BRIGADIER.

Je le crois sans peine

M. ALFRED.

M. Lagoupille demeura donc le seul client d'une maison jadis florissante. Or, est-ce que ce soir, après avoir, comme à son ordinaire, accaparé tout mon matériel, il n'émit pas la prétention de me faire éteindre le gaz, sous prétexte qu'il avait de mauvais yeux et qu'il entendait désormais être éclairé à la bougie? Parfaitement!... Ceci met le comble à la mesure. Je lui déclarai que c'en était trop et que je l'avais assez vu; il me dit que le plus vu des deux n'était pas celui que je pensais. Je le priai d'aller boire ailleurs; il répliqua qu'il n'en ferait rien, que le café du *Pied qui parle* étant un endroit public, je n'avais pas le droit de le lui interdire, que d'ailleurs le spectacle de ma stupidité profonde le réjouissait beaucoup trop pour qu'il acceptât de s'en priver, etc., etc. Je préférai en appeler à la force publique que d'avoir recours aux voies de fait. Voilà.

LE BRIGADIER, à Lagoupille.

Hé bien, vous pouvez parler maintenant : qu'est-ce que vous avez à dire ?

LAGOUPILLE.

Brigadier, j'ai à dire ceci : que M. Alfred est un sale menteur. Une consommation qu'y dit !... J'en prends sept !

M. ALFRED, ironique.

Oh là là ! Je voudrais bien les connaître, les sept consommations que vous prétendez prendre !

LE BRIGADIER.

Oui, citez donc un peu, pour voir.

LAGOUPILLE.

C'est bien simple. J'arrive et je demande un café. Bon ! on me donne un verre de café, trois morceaux de sucre, une carafe d'eau et un carafon de cognac. Ça me fait une consommation.

M. ALFRED.

Nous sommes d'accord. Ensuite.

LAGOUPILLE.

Je bois la moitié de mon verre. Bon! je comble le vide avec de l'eau. Ça me fait un mazagran. Deuxième consommation.

M. ALFRED, suffoqué.

Quoi? Quoi? Quoi?

LAGOUPILLE, imperturbable.

Dans mon mazagran, je verse du cognac. Ça me fait un gloria. Troisième consommation. Quand j'ai bu mon gloria je prends une pierre de sucre et je la mets à fondre dans de l'eau; ça me fait un verre d'eau sucrée. Quatrième consommation. Dans le verre d'eau sucrée je reverse du cognac, ça me fait un grog.

LE BRIGADIER.

Cinquième consommation.

LAGOUPILLE.

Cinquième consommation. Mon grog bu, qu'est-ce que je fais? je m'appuie un peu de cognac pur, et voilà une fine champagne.

LE BRIGADIER.

Et enfin ?

LAGOUPILLE.

Et enfin, sur ce qui me reste de sucre, je jette ce qui me reste d'eau-de-vie, j'y mets le feu; ça me fait un punch, septième et dernière consommation.

M. ALFRED.

Charmant, mais, au bout de tout ça, combien est-ce que je touche, moi ! Six sous ! Et vous croyez que ça m'amuse, après que vous m'avez rasé toute la soirée, d'inscrire trente centimes à mon livre de caisse ?

LAGOUPILLE, désintéressé.

Ça vous embête ? Hé bien, prenez une caissière.

LES
LOCUTIONS COMPLAISANTES

LES

LOCUTIONS COMPLAISANTES

SCÈNE PREMIÈRE.

La chambre à coucher conjugale. Un fil de jour sous le rideau clos.

MONSIEUR, qui consulte sa montre.

Oh! sapristi, huit heures! Et Totoche qui m'attend à neuf! Avec ça qu'elle est femme à me laisser à la porte pour un retard de dix minutes!... Hâtons-nous.

(Coup d'œil sur Madame qui dort à son côté, dans l'épaisseur des oreillers. Charmante, Madame; vingt-cinq ans, brune comme le jais. Du nuage léger de la chemisette où serpente un ruban vieil or, jaillissent d'aimables blancheurs.)

Hum !

(Il hésite, se penche, se redresse. L'orchestre joue en sourdine l'air jadis célèbre de Boulotte : « Faut-il y aller ou faut-il pas y aller ? V'la c'que j'me demande en mon particulier. »)

(Brusquement.)

Aristide, mon bon, sois raisonnable. Tu es sur le point de prendre... la parole, ne gaspille pas ton souffle en vains interviews. Ménage ta faible éloquence.

(Il glisse une jambe hors du lit.)

MADAME, qui s'étire.

Tu te lèves?

LUI, à part.

Pincé. (*Haut.*) Tu vois.

ELLE, languissamment.

Oh ! pas encore, dis !

LUI, très tendre.

Ne me donne donc pas, mon amour, plus de regrets que je n'en ai déjà ! Si tu crois que je ne sois pas navré !... A-t-elle un bras ! (*Il baise le bras.*) A-t-elle une épaule !

(*Il baise l'épaule.*) A-t-elle un petit signe !
(*Il baise le petit signe. A part.*) Aristide,
lève-toi. Il n'est que le temps.

ELLE.

Reste encore un peu, Aristide.

LUI, hésitant.

Un tout petit peu ?

ELLE.

Oui.

LUI.

Eh bien... — Vrai, Madeleine, tu ne
peux pas te douter à quel point tu as le
réveil ravissant ! Eh bien... — C'est ta
bouche, surtout, qui est un rêve ! Eh
bien... (*A part.*) Aristide, prends garde !
Attention à l'extinction de voix.

ELLE.

Eh bien ?

LUI.

Eh bien... (*Résolument*) non ! Je ne peux
pas ; j'ai un rendez-vous.

ELLE, câline.

Reste donc, voyons. Il y aurait des raisons... spéciales, pour que tu restes.

LUI, fougueux.

Ah! grand Dieu! s'il y en aurait!...
Il se penche. Silence. Long baiser. La pendule sonne la demie.
La demie!!!
(Il saute du lit.)

ELLE.

Aristide! Aristide!

LUI, qui enfile son pantalon.

Non! Ne me demande pas l'impossible (*A part.*) Jamais je ne serai à neuf heures chez Totoche. Ça va en être une, de scène!

ELLE.

C'est bien. Tu t'en repentiras.

LUI, avec une pointe d'impatience.

Eh! j'ai mes affaires, que diable! Tu es étonnante, ma fille.

ELLE, retombant dans l'oreiller.

Laisse faire, je te dis. Tu verras.
(Monsieur s'habille en hâte et file.)

SCÈNE II.

Onze heures du soir. — Le boulevard.

LUI, arpentant le trottoir, une cigarette aux lèvres.

Arrivé ce matin chez Totoche avec un retard de vingt minutes, il est advenu ce que je prévoyais : elle m'a laissé sur le carré. Après avoir carillonné et recarillonneras-tu, feint des hurlements de désespoir et mugi des explications — le tout à travers la porte, — je me suis décidé à regagner mon *home*. Madeleine était levée.
— Fâcheux.

J'ai passé une journée insupportable ; dans l'état d'esprit du monsieur qui, ayant conçu un bon mot, n'en a pas trouvé le placement. Aussi ne me suis-je pas attardé à mon cercle. Il est onze heures. Dans dix minutes, Titide sera au dodo. Il n'en sera pas fâché... et sa femme non plus.

SCÈNE III.

Même décor qu'à la scène première, mais vu de nuit. Madame, le coude dans l'oreiller, lit un roman de Paul Bourget. L'abat-jour, sur son épaule nue, envoie le reflet rose d'un dessous d'aile d'ara.

LUI, entrant.

Bonsoir, mon loulou.

ELLE, sans lever les paupières.

… soir.

LUI.

Hein, tu ne diras pas qu'il est tard.

ELLE.

… on.

LUI, qui se débotte.

Tu n'as vu personne.

ELLE.

… sonne.

LUI, à part.

Elle boude… Chère enfant! Nous allons y mettre bon ordre. (*Il gagne la ruelle du lit et se glisse sous les couvertures.*) Ah qu'on est bien chez soi! Qu'on est bien auprès de sa petite femme aimée!

(Silence.)

ELLE, sursautant.

Ah laisse-moi tranquille!

LUI, interloqué.

Made!

ELLE.

Fiche-moi la paix, je te dis.

LUI.

Made, voyons, tu ne vas pas faire la mauvaise tête.

ELLE, qui ferme rageusement son livre.

Non, pardon. Ce matin, tu avais tes *affaires?*

LUI.

Oui.

ELLE.

Eh bien, moi, ce soir, j'ai mes *occupapations*.

(Elle tourne le bouton de la lampe. Nuit complète.)

———

AVANT ET APRÈS

AVANT ET APRÈS

SCÈNE PREMIÈRE

Un sous-bois à Villebon. Deux heures. Marthe et René couchés près l'un de l'autre, dans l'herbe.

RENÉ, *le chapeau sur les yeux, les mains en coussin sous la nuque.*

Marthe !

MARTHE, *à demi assoupie.*

Qu'est-ce qu'elle a fait ?

RENÉ.

Je t'aime.

MARTHE.

Parfaitement; je la connais, tu me la fais tous les dimanches.

(Un silence.)

RENÉ.

Alors tu ne... veux pas?

MARTHE.

Non.

RENÉ.

Tu es ridicule, tu sais. Je te demande un peu ce que ça pourrait te faire.

MARTHE.

Ça me fait, que je ne veux pas.

RENÉ.

Ah!

(Nouveau silence.)

RENÉ.

Marthe!

MARTHE.

Après?

RENÉ.

Je t'aime.

MARTHE.

Oui, je te dis! C'est-y drôle que ce soit

la même comédie chaque fois que nous avons mangé à la campagne.

RENÉ.

Si le grand air m'inspire, moi.

MARTHE, ironique.

Le grand air!... Tu m'as l'air grand air; dors donc.

(Troisième silence, très long cette fois. Calme immense de la forêt. D'invisibles oiseaux s'appellent. Au loin, très loin, chantent les grenouilles amoureuses.)

RENÉ, brusquement.

Marthe, je t'aime.

(Il se coule sur le flanc.)

MARTHE, prise d'inquiétude.

René, tiens-toi tranquille! Tu ne vas pas recommencer tes bêtises et me geler avec tes sales pattes, peut-être.

RENÉ.

Confesse la vérité, Marthe : tu ne crois pas à mon amour.

MARTHE.

Pas un seul instant.

RENÉ, plaintif.

J'en étais sûr! — Mon Dieu! que c'est donc malheureux de se voir méconnu ainsi. Tu es pourtant la seule que j'aie jamais aimée.

MARTHE.

Et la soixante-dix-huitième à laquelle tu l'aies jamais dit.

RENÉ.

Ah! cela, par exemple, jamais!

MARTHE, faussement indignée.

Menteur!

RENÉ, solennel.

Marthe je te le jure! Certainement, j'ai eu des maîtresses, et la passion, comme à tous les hommes, m'a fait lâcher bien des bêtises à certaines heures de ma vie, mais quant à avoir dit : « Je t'aime » à une femme, jamais, tu entends bien, jamais!

MARTHE, ravie.

Sale bête! Sale type! (*Changeant de ton.*) René, je t'en prie, sois raisonnable. Dieu que tu es enfant!... Quoi? Tu veux m'embrasser? Hé bien, embrasse-moi. Là! assez! (*Très câline.*) Alors, dis donc, c'est vrai? Tu n'en as jamais aimé d'autre?

RENÉ.

Sur quoi veux-tu que je te le jure?

MARTHE.

Sur rien, mon chéri; je te crois.

RENÉ, rêveur.

Même, si tu savais les mauvais souvenirs que laissent les mauvaises jeunesses, et de quel prix on voudrait les racheter!... Tiens, quand je remonte mon passé, il me semble que je mords dans un artichaut cru.

MARTHE.

Comme je te comprends!

RENÉ.

Non, tu ne comprends pas; tu ne comprendras jamais, tu ne peux pas comprendre! car celui-là seul qui a foulé du pied le sable aride du désert peut goûter la fraîcheur exquise de l'oasis.

MARTHE, à part.

Oasis!

RENÉ.

Le proverbe a bien raison, va, qui dit : « Si jeunesse savait! » Mais voilà le malheur, jeunesse ne sait pas, et c'est comme cela, hélas, qu'on arrive à l'été de la vie, — de la saint Martin, quelquefois, — sans avoir connu cette chose ineffablement délicieuse qui s'appelle le printemps.—C'est bête, hein, ce que je te dis-là?

MARTHE.

Bête!!!

RENÉ.

Tu ne trouves pas?

MARTHE.

Dieu non, je ne trouve pas!

RENÉ.

Au fond, vois-tu, avec mes airs d'épateur, j'ai toujours été un sentimental ;... je suis, sans que cela y paraisse, tout ce qu'il y a de plus enfant.

MARTHE.

Je m'en étais toujours doutée.

RENÉ, qui l'enlace doucement.

Même, je te dirais bien quelque chose, mais tu te moquerais de moi...

MARTHE.

Non! je te le jure.

RENÉ, se penchant à son oreille.

Hé bien...— Ce qu'il faut que je t'aime pour braver la pudeur d'une telle confession!—... Hé bien... l'idée que j'ai pu appartenir à d'autres femmes qu'à toi, Marthe, suffit à me donner des nausées!...

MARTHE, d'une voix mourante.

Tu ferais de moi ce que tu voudrais avec de telles paroles. Non, sois sage, René...! Sois sage, je t'en supplie! Oh! mon Dieu! si maman me voyait! Elle qui me croit à l'atelier, en train de faire des heures en plus.

RENÉ.

Elle nous bénirait, ma chérie; comme Dieu, en ce moment, nous bénit!

MARTHE.

Il ne vient personne, au moins?

. . . .

SCÈNE II

Même décor. Dix minutes plus tard.

RENÉ.

Si nous nous tirions les pieds?

MARTHE.

Attends un peu; nous sommes si bien, ici! (*Tendrement.*) René!

RENÉ.

Quoi?

MARTHE.

Je t'aime.

RENÉ.

Oui, bien obligé. Voyons, fichons-nous

le camp? J'ai les fesses toutes trempées, moi.

MARTHE.

Comme ça a l'air de te faire plaisir!

RENÉ.

Quoi? d'avoir les fesses toutes trempées?

MARTHE.

Non! mais d'être aimé comme je t'aime !

RENÉ.

Ah!... (*Geste exaspéré.*)

MARTHE.

Que tu es grossier avec moi!

RENÉ.

Tu m'embêtes.

MARTHE.

Je le savais bien, va, que ça finirait comme ça!

RENÉ.

Alors tu es inexcusable de t'être encore laissée pincer.

MARTHE, fondant en larmes.

Si maman me voyait!...

RENÉ, les bras sur la poitrine.

Dis donc, est-ce que tu vas me raser longtemps avec ta mère ? La fille suffisait, tu sais.

FIN DES PETITS VAUDEVILLES DE LA VIE

UN SOUVENIR DU SIÈGE

UN SOUVENIR DU SIÈGE

A Georges Millet.

I

Ce fut le 19 janvier qu'eut lieu l'affaire de Buzenval, me dit mon vieil ami Robert Désandré.

A cinq heures du matin le branle-bas commença, en pleine nuit autant dire. J'habitais alors rue Lafayette, à l'angle de la rue Montholon, une vaste chambre sous les toits dont le balcon débordait au-dessus du trottoir, d'un bon mètre. Un clairon qui s'en vint sonner la *générale* devant la grille même du square, m'éveilla et me mit sur pieds. Je fis de la lumière, je me vêtis en hâte, puis, l'épaule engagée dans la bretelle de l'arme, j'allai rejoindre mon bataillon, le 218ᵉ de marche, au lieu de réunion habituel : la cour Est de la gare du Nord; tu sais, la cour des arrivées.

Tout était caserne en ce temps-là.

Dehors il faisait une nuit d'encre. Il y avait beau temps, à vrai dire, qu'on avait oublié la couleur du gaz, et, le pétrole devenant rare à son tour, l'éteigneur passait maintenant à des heures invraisemblables. Mais je connaissais le chemin. Je pris ma course; le froid me mordait à pleine face, et sous les talons de mes bottes le sol gelé sonnait comme du métal.

En trois minutes je fus rendu.

Une trentaine de gardes nationaux déjà massés dans un coin de la cour piétinaient pour se réchauffer en échangeant des renseignements. Celui-ci assurait ceci, cet autre supposait cela. La vérité était que l'on ne savait rien et que Mouche, notre commandant, questionné sur les événements de la matinée, répondit par un geste vague et par un haussement d'épaules. Est-ce que jamais on avait su quelque chose ! Il attendait des instructions, voilà tout. Tout de même, ce jour-là, ça sentait le sérieux, le fini de rire, le coup de torchon décisif, et aussi bien fallait-il qu'on se décidât. Depuis longtemps, la garde nationale s'agitait, manifestant tous les deux jours, allant sous les croisées de l'Hôtel de Ville réclamer la sortie en masse et crier : « Nous sommes trahis ! » Chez nous, au 218e, on hurlait aux munitions, car si nous avions des fusils, — et quels fusils, mon ami ! de vieux flingots à percussion transformés en tabatières dont nous connaissions à peine le maniement, — nous n'avions rien à mettre dedans, en revanche. Mon Dieu non, pas une once de poudre, ce qu'en eût seulement contenu le creux de la main. Tous les matins on s'attendait à une distribution de cartouches, mais ouitche ! je t'en souhaite ! rien du tout ! c'était toujours pour le lendemain, et comme ça depuis le commencement du

Siège. Nous eussions mordu, à la fin, tant l'attente sans cesse déçue fouettait nos nerfs exaspérés.

Aux environs de sept heures l'aube pointa; les maisons du faubourg Saint-Denis commencèrent à se détacher en noir cru sur la pâleur du jour levant; un jour lugubre, abominable, qui, jusqu'au soir, devait rester couleur d'ocre, en sorte que l'on put vaguement s'apercevoir les uns les autres. Et c'était un joli spectacle, toutes ces têtes hâves d'hommes éveillés trop tôt, enfouies dans les collets haut dressés des capotes et que d'épais passe-montagnes dévoraient jusqu'aux pommettes. Dans l'ancienne salle aux bagages, quatre ballons à l'essayage étaient accroupis côte à côte, immobiles, pareils à d'énormes poussahs. De la toiture vitrée du hall une clarté louche tombait, rampait sur leurs robes gonflées d'air et que la pression du filet quadrillait comme de la galette.

Huit heures sonnèrent, puis neuf heures.

A dix heures, Mouche qui faisait les cent pas sans rien dire, les doigts plongés en son écharpe rouge d'où ressortaient les crosses luisantes de deux pistolets, perdit brusquement patience.

Il cria :

— On se moque du monde, de nous laisser geler ici. Allez, c'est bon, rentrez chez vous, mais ne vous déshabillez pas ; tenez-vous prêts, en cas d'appel.

Sur quoi l'on rompit les faisceaux, et chacun regagna son chez soi.

Les rues regorgeaient, emplies d'un extraordinaire mouvement de troupe. Au pas de route, derrière les tambours, des bataillons se succédaient presque sans interruption, des capotes noires, bleues, ardoisées, la bure sombre du capucin alternant avec le vert-vif des draps de billard. Des lignards et de jeunes moblots accouplés allongeaient à la fois leurs jambes disparates, culottées de gris ou de garance. Où ces gens allaient? Mystère! On voyait se perdre en l'éloignement l'étincellement de leurs baïonnettes et les lourds sacs de cuir bouclés à leurs épaules, et, vingt minutes plus tard, on demeurait saisi, à les voir revenir sur leurs pas, à reconnaître leurs moustaches et leurs nez rougis par le froid.

A chaque carrefour, un clairon congestionné appelait aux retardataires. Par les trottoirs, barrés de leurs coudes élargis, d'inlassables tambours allaient, se marquaient le pas à eux-mêmes, emplissaient du tapage assourdissant des caisses les échos des portes cochères. Et tout cela était ensemble triste et fou, fleurait d'une lieue la débâcle, le grand désarroi de la fin, les suprêmes sursauts de l'agonie.

II

Lorsque j'eus déjeuné, — un de ces déjeuners de Siège qui démolirent tant d'estomacs — l'idée me prit de grimper sur mon toit.

J'y pouvais accéder par une trappe mobile pratiquée au-dessus de l'escalier, juste dans l'axe de la cage. De là-haut, les temps clairs d'été, j'embrassais des lieues de paysage, un panorama admirable, qu'un instant seulement, au Nord, masquait le renflement subit de la Butte. Que de fois, le soir, en pantoufles, j'y étais venu fumer des cigarettes et regarder les braises du couchant s'éteindre derrière Saint-Cloud !

Mais je ne vis rien, ce jour-là, que l'immense étendue des toits ensevelis sous la neige durcie. C'était une blancheur aveuglante, rayonnant à perte de vue autour de moi et qu'au loin eût rattrapée le ciel sans la lueur de feu qui ceinturait Paris. A droite, à gauche, devant, derrière, on se battait ! on se battait partout ! de Meudon jusqu'à La Courneuve dont je distinguais dans la brume le clocher en forme d'éteignoir. Au-dessus d'un horizon rose — reflet peut-être du sang auguste qui coulait là-bas, à pleines veines, pour la défense des libertés cent fois chères ! —

la fumée de forêts incendiées s'élevait en panaches sombres ; sur les flancs du mont Valérien de frêles touffes se formaient, qui se dissipaient lentement puis se reformaient à nouveau. Et le canon tonnait sans relâche, tel, en les lourdes chaleurs d'août, le grondement continu d'un orage sans éclairs.

Or, comme je contemplais ces choses, le cœur serré, sentant se révolter en moi la fougue de mes dix-sept ans, voici que notre clairon, Roux, rappela au 218e.

En deux temps je dégringolai de mon perchoir.

Mais quelque hâte que je misse à aller retrouver mes gens, j'arrivai juste pour les voir partir. Je me faufilai dans le rang.

— Nous allons?

— A Aubervilliers, me dit l'homme qui marchait près de moi.

— Ah!

Nous montâmes toute la rue de Flandre et nous franchîmes la barrière par le pont-levis, que l'on baissa pour nous. Note que nous étions toujours aussi avancés, dans l'ignorance complète des résultats atteints! à cela près de quelques bulletins officiels affichés le matin aux mairies, et qui parlaient en termes vagues d'un engagement sérieux sous les murs de Paris, de pertes mutuelles et considérables, sans spécifier autrement.

C'était à en devenir enragé, je te dis.

Arrivés devant la redoute d'Aubervilliers, d'un gros de troupe que nous voyions s'agiter confusément dans la brouillasserie lointaine, un cavalier se détacha, qui fondit sur nous ventre à terre.

C'était un de ces généraux au petit bonheur qu'improvisent les nécessités urgentes de la guerre. Je le vois encore comme si j'y étais, tout jeune, la moustache au vent, l'air pas commode, ma foi. Il ne portait pas de manteau malgré l'extrême rigueur du froid, et il était chaussé de longues bottes de chasse, de ces bottes blondes qui escaladent les genoux et que compriment sur les jarrets de minces languettes de cuir.

Il demanda :

— Qui êtes-vous ? qu'est-ce que vous venez faire ici ?

Mouche nous fit reconnaître.

Il reprit :

— Vous avez des munitions ?

— Non, mon général, dit Mouche.

Alors cet homme s'emporta. Il demanda à quoi diable nous étions bons, dit que nous gênions ses mouvements et que nous avions le droit d'aller prendre la garde aux boucheries. Mouche allégua un ordre de la Place, l'officier envoya coucher la Place et Mouche ; des pourparlers s'engagèrent, Mouche très humble risquant des représentations, l'autre exaspéré, le feu aux joues, s'égosillant à répéter : « Quoi ? quoi ? mais enfin quoi, nom de Dieu ! qu'est-ce que vous voulez que je fasse de vous ? » d'une voix qui sonnait dans la sécheresse de l'air. A la fin, nous fîmes demi-tour et nous rentrâmes dans Paris. Tout de suite on se débanda : les uns tirèrent à droite, les autres tirèrent à gauche ou s'en furent chez les marchands de vins, se dégourdir le nez à la vapeur des punchs.

Mouche, stupéfait, s'exclamait :

— Eh bien, où vont-ils ? où vont-ils ? Je n'ai pas donné ordre de rompre.

On l'écoutait autant que s'il n'eût rien dit. Ce que voyant, je mis le fusil en bretelle et je rentrai chez moi par le plus court. Il pouvait être quatre heures et demie. Le beau temps venait avec la nuit : la lune, peu à peu, naissait dans le crépuscule, en lueur blême qu'on voyait, de minute en minute, descendre du faîte des cheminées, gagner les toits puis les mansardes, et couler lentement le long des murs.

C'est ce même jour, 19 janvier, que nous fîmes connaissance pour la première fois avec l'horrible pain du Siège, ce pain extraordinaire fait on ne sait de quoi, de son et de graine de lin, qui s'allongeait interminablement, pareil à de la pâte de guimauve, et qui, dix ans après, — tu entends bien, dix ans ! — cédait encore sous le doigt, n'ayant pas achevé de sécher! Pour moi, je crus mordre en de la boue; le désespoir me prit, et une rage soudaine. Je le lançai de toutes mes forces au plafond, où il demeura collé, aplati comme un cataplasme. J'étais brisé de fatigue et d'énervement; je pris le parti de me mettre au lit bien qu'il fût neuf heures à peine. A ce moment, au coin de la rue : « Taratata! Taratata! » avec le refrain d'appel du 218ᵉ.

— Encore? Au diable!

J'étais en caleçon, tout prêt à me glisser dans mes draps. Ah! je fus pris, je t'en réponds, d'une jolie envie de faire le mort! A la réflexion une inquiétude me vint : la pensée que peut-être des choses graves se passaient. J'eus la vision d'une catastrophe couronnant tragiquement les affres de cette infernale journée. Du coup je n'hésitai plus, et, ayant enveloppé d'un double tortis de paille mes pieds devenus pareils en cet accoutrement à deux flacons de vieux vin, je me rebottai par là-dessus et partis. Le calme des rues me rassura. De fait, à la gare du Nord, nous

nous trouvâmes tout de suite sept : Roux, le charbonnier Vidalinc, le pharmacien-caporal Marescot, un épicier de la rue Bleue, un notaire de la rue Baudin, et Pagès, le marchand de couleurs.

Les autres avaient lâché, en ayant à leur suffisance, apparemment.

Quand nous eûmes moisi là une vingtaine de minutes, le pharmacien-caporal dit que c'était une affaire réglée, qu'il ne viendrait plus personne, et qu'on allait aller aux informations.

Il commanda :

— Arme sur l'épaule! En avant!

Et nous partîmes.

Si je regrettais de n'avoir pas cédé à mes premières idées de paresse, tu penses! Rue de Château-Landon nous fîmes halte, devant une manière d'échope qui servait de poste à ma compagnie : un boyau large comme une brouette, et dont formait le fond un lit de camp en pente douce. Je m'y allai étendre aussitôt, tandis que Vidalinc qui ne perdait pas la carte, — s'étant fait adjuger au 218ᵉ la fourniture du combustible, — bourrait de coke le poêle, à pleines pelletées. Déjà Pagès, l'épicier et le notaire tiraient les places pour un whist, à la clarté jaune d'un quinquet qu'ils avaient décroché du mur et posé entre eux, sur la table.

Un lourd sommeil s'empara de moi. Je tombai au néant de la mort.

Brutalement une main me secoua :

— Debout ! c'est votre tour de faction !

Je me dressai ; je suais de sommeil à grosses gouttes.

— Hein ? Quoi ?

— Mettez-vous en armes, dit Marescot.

J'obéis sans comprendre, promenant autour de moi mes yeux hébétés et gonflés.

Mouche, tombé là sans que je susse comment ni depuis quand, allait et venait par le poste, la tête basse, les mains au dos. Et à chaque fois, à la même place, il faisait le même écart léger, crainte de griller sa capote aux flancs rougis à blanc du poêle. Les trois whisteurs, acharnés, continuaient d'abattre leurs cartes en silence.

— Nous y sommes? dit Marescot; eh bien, en route.

Nous sortîmes.

Le froid terrible du dehors réussit à me réveiller. J'appris que j'allais être préposé à la surveillance d'un chantier de bois situé à quelque mille mètres de là, et que des maraudeurs dévastaient chaque nuit. Je relevai de garde Vidalinc. Celui-ci me passa la consigne, et aussi la peau de mouton qui lui protégeait les épaules.

— Bonne promenade, dit-il, et bien de l'agrément.

— Merci, répondis-je en riant jaune.

Marescot ajouta :

— Et puis méfiez-vous.

— Ah bah!

— Oui, fit-il, il y a du pet. Dans la nuit de lundi à mardi on a égorgé le factionnaire.

III

Cette révélation me combla de joie. Surtout que j'étais sans défense, moi, avec ce grand niais de fusil bon tout juste à me geler les doigts à travers l'épaisseur tricotée de mes gants. Autant m'eût servi un plumeau.

Pourtant il fallut bien que je demeurasse là, et j'y demeurai en effet, tout seul, devant cet immense terrain enclos de murs comme un cimetière et qui fuyait, fuyait interminablement, sous la clarté bleue de la lune. Des rangs de madriers disposés en bûchers s'y succédaient de front, encore, toujours, sans cesse, coupés de ruelles étroites et bourrées de ténèbres à ce point que des régiments entiers y auraient défilé le colonel en tête, du diable si j'en eusse soupçonné les pompons!

C'était gai; ça l'allait devenir plus encore.

D'abord tout alla au mieux. Une heure environ s'écoula sans que le moindre bruit suspect, la moindre vision passagère et fuyante me fût venue mettre en éveil. Même, à la fin, je tirai mon tabac de ma poche et j'allais, au mépris de tous les règlements, confectionner une cigarette, quand soudain je levai la tête.

Quelqu'un, là-bas, avait marché.

Oui, on avait marché, pour sûr! Où? c'est ce que je n'aurais su dire, préciser exactement, mais enfin on avait marché; j'en aurais répondu comme de ma propre vie.

J'écoutai.

Tout s'était tu.

Maintenant, à mon oreille tendue, c'était le bourdonnement du silence, le calme infini des nuits sereines. Simplement, une horloge voisine sonna le quart après trois heures, et cette vie tombant dans cette mort me tranquillisa tout à coup, à l'égal d'une voix amie.

— Je me serai trompé, pensai-je ; et c'était l'écho de mes pas.

Explication en somme plausible, et dont je me fusse volontiers contenté. Le malheur fut qu'à cet instant, — au loin, très loin, dans la ligne indécise et pâle qui noyait la lisière extrême du chantier — une planche échappa à des mains maladroites et s'écroula bruyamment sur le sol.

Il n'y avait plus à douter.

Je me dis :

— Celle-là n'est pas tombée toute seule.

Alors, la main roulée en cornet sur la bouche, je criai :

— Qui vive ? Qui va là ?

Silence.

— Qui vive ?

Pas de réponse.

— Qui vive, donc ?

Même résultat ; avec cette différence, pourtant, que je crus percevoir un rauquement étrange, quelque chose comme l'effort de gorge d'une personne qui se fût retenue de tousser.

Je devins perplexe.

Que faire? je te le demande. Quitter la place? courir avertir le poste? c'était l'oubli du plus élémentaire devoir. Appeler? ce n'était pas sérieux ; tout aussi bien, à cette distance, eussé-je pu caresser l'espoir de mettre Grenelle en émoi! Alors quoi? Dans ces conditions, je n'avais plus qu'à payer d'audace.

C'est ce que je fis.

— Pour la dernière fois, hurlai-je, qui va là? Répondez de suite, ou je tire.

En même temps, je fis jouer la batterie de mon fusil qui grinça dans la nuit, comme une vieille serrure. Puis, je restai là, l'arme en joue, répétant :

— Je fais feu! je fais feu! je fais feu! Une, deux, trois, c'est bien vu, n'est-ce pas? bien compris? Hé bien, ça y est, je fais feu! attention!

C'était grotesque; je ne songeais même plus au péril, tant je me sentais ridicule. Je n'insistai donc pas davantage, et prudemment je m'allai réfugier en un angle obscur de muraille; ma silhouette, découpée en noir dans le bain de lune qui m'inondait, ayant pu faire de moi une cible facile. Ah! je passai là trois quarts d'heure singulièrement agréables! Mes maraudeurs avaient cessé de se gêner; ils agissaient désormais avec la même tranquillité que s'ils eussent été en famille : c'était des allées, des venues, de lourdes galopades sur la terre durcie, un remue-ménage de solives tripotées, déplacées, puis lâchées, puis reprises.

De temps en temps l'homme à la bronchite toussait.

Enfin Marescot reparut, signalé de loin à mon impatience par l'étincelle balancée de son falot. Près de lui, l'épicier de la rue Bleue dandinait sa vaste bedaine.

Il demanda :

— Rien de nouveau?

— Pas grand'chose, dis-je négligemment; ils ne sont guère là-bas qu'une demi-douzaine qui déménagent le chantier. C'est à les croire chez eux, tellement ils se gênent.

Le pharmacien s'ébahit :

— Où ça donc?

Il écoutait très attentif. Mais aussitôt :

— C'est pardieu vrai! Ah les chameaux! En chasse, vous autres, hardi, là!

Lui-même s'élança. Nous le suivîmes, donnant de l'avant au hasard, fouillant l'ombre, des pointes aiguës de nos baïonnettes. Marescot grognait sourdement, enragé de ne rien découvrir; l'épicier, lui, inquiet de ne plus rien entendre, — car les gaillards, à notre approche, s'étaient tu, — surveillait ses côtés, avançait à pas lents, mâchonnait un éloge outré de la prudence.

Et tout à coup nous eûmes un recul d'effarement, devant l'apparition sinistre, véritablement fantastique, qui se présentait à nos yeux : une grande carcasse de cheval haut à n'en plus finir, et maigre, mais maigre, mais maigre..., d'une maigreur dont rien ne peut donner idée! Entre les saillies de ses côtes on eût logé des cordes à puits, tandis que les os de ses rotules, passés à travers son cuir, luisaient, vernis d'une couche de gelée, sous le coup de lumière du falot. Mais la chose affreuse entre toutes, c'était sa croupe misérable, ses fesses que le sang épais de la dyssenterie avait revêtues d'un placage d'acajou, ses cuisses que battait une queue engluée, toute chargée de caillots pesants...

Il nous regarda un instant, immobile, fixant sur nous ses gros yeux ronds de bête familière et confiante; puis il fit un pas en avant, et tranquillement, du bout de ses longues dents jaunes, il se mit à racler le sapin d'une planche qui débordait.

Comment ce cheval se trouvait là? quel miracle l'y avait amené? voilà la question. Le même miracle, peut-être, qui le faisait se tenir encore sur ses jambes plus frêles que des bras d'enfant, et que portaient quatre sabots énormes, quatre socles disproportionnés! Le plus probable était, qu'enfui des abattoirs, il s'était venu réfugier là, affolé, à la grâce de Dieu; le certain c'est que nous restions bouleversés, sentant déborder de nos cœurs le flot d'une indicible et fraternelle pitié, au vu d'une infortune si grande. Ah, misère horrible des bêtes! misère discrète et silencieuse! Cent ans, je vivrais cent ans, que toujours j'aurais ce mourant sous les yeux, cet agonisant aux plaies vives, cautérisées de glace, hélas! et qui trompait avec du bois l'appel impérieux de ses entrailles. Que te dirais-je? nous crevions la faim, nous aussi, et c'était pourtant là de la chair toute trouvée... N'importe, à pas un de nous trois l'idée ne vint d'un coup de couteau crevant ce ventre douloureux.

— Bah! dit le pharmacien Marescot, dans trois jours nous mangerons à notre appétit.

Je tressaillis :

— Il y a du neuf?

— Oui, on a le bilan de la journée.

— Et alors?

Calme, il répondit :

— Nous sommes foutus, Perpétue.

Je n'en demandai pas davantage. Je

goûtai l'atroce soulagement qui accueille le dernier soupir longtemps attendu et redouté, reçu enfin en pleine figure, de l'être aimé plus que tout au monde. Et comme à ce moment, à travers mes pleurs muets, la lugubre silhouette du cheval m'apparaissait, extraordinairement agrandie et trouble, je me penchai, j'arrachai la paille de mes bottes, et je l'offris à ce pauvre animal qui la dévora goulûment.

Le thermomètre, cette nuit-là, descendit à treize degrés.

TABLE DES MATIÈRES

	Pages.
Potiron	1
Le monsieur qui a trouvé une montre	27
A l'atelier	39
La loi sur les chiens	61
La pénitence	79
Un homme qui boit	91
L'escalier	109
La pendule	123

Les petits vaudevilles de la vie :

Une envie	147
L'employé qui ne veut pas aller à son bureau	159
Les babouches	171
Le premier jour de bonheur	179
Les amputés	193
Les grandes douleurs	201
Un coup de fusil	213
Un client sérieux	223
Les locutions complaisantes	235
Avant et après	245

Un souvenir du siège 257

PARIS. — IMP. C. MARPON ET E. FLAMMARION, RUE RACINE, 26.

18 Pierre 42

www.ingramcontent.com/pod-product-compliance
Lightning Source LLC
Chambersburg PA
CBHW050627170426
43200CB00008B/912